中国对外投资的若干理论与发展政策研究

王玲玲 著

中国财经出版传媒集团
经济科学出版社
Economic Science Press

图书在版编目（CIP）数据

中国对外投资的若干理论与发展政策研究/王玲玲著.
—北京：经济科学出版社，2017.3
ISBN 978-7-5141-7857-9

Ⅰ.①中… Ⅱ.①王… Ⅲ.①对外投资-研究-中国
Ⅳ.①F832.6

中国版本图书馆 CIP 数据核字（2017）第 045211 号

责任编辑：黎子民
责任校对：徐领柱
责任印制：邱 天

中国对外投资的若干理论与发展政策研究
王玲玲 著
经济科学出版社出版、发行 新华书店经销
社址：北京市海淀区阜成路甲 28 号 邮编：100142
总编部电话：010-88191217 发行部电话：010-88191522
网址：www.esp.com.cn
电子邮件：esp@esp.com.cn
天猫网店：经济科学出版社旗舰店
网址：http://jjkxcbs.tmall.com
北京密兴印刷有限公司印装
710×1000 16 开 12 印张 210000 字
2017 年 3 月第 1 版 2017 年 3 月第 1 次印刷
ISBN 978-7-5141-7857-9 定价：45.00 元
（图书出现印装问题，本社负责调换。电话：010-88191510）

本书受国家自然科学基金项目“引进外资与对外投资两大战略的协调机制与政策研究”（项目号：71673182）、2016年度浙江省博士后科研项目“新常态下民营企业‘走出去’的管制结构研究”、云南省教育厅科学研究基金项目（项目名称“中国企业对外投资的管治结构研究”，2017ZZX002）资助。

目　录

第一章

绪　论

一、研究背景及意义

（一）研究背景

1. 跨国公司成为全球经济发展的主体

跨国公司是国际资本流通的主要载体，也是世界经济的发动机，同时还是未来经济全球化的主宰力量。自 1992 年起，跨国公司内部贸易额开始超过国际贸易总量，成为世界经济的发动机。仅世界 500 强跨国公司 2008 年雇员达到 5416 万人，公司资产额达到 510. 22 亿美元。世界 500 强跨国公司是跨国公司集群中的旗舰，其实力超过许多国家。在前 100 个最大经济体中（国家根据 GDP，企业根据销售额），一半以上是跨国公司。根据联合国贸发会议（UNCTAD）公布的《World Investment Report 2013》：2012 年跨国公司外国分支机构（foreign affiliates）总资产已达 86. 57 亿美元，销售额为 25. 98 亿美元，占全球 GDP 的 36. 4%，雇员 7169. 5 万人。（见表 1 - 1）而在 1990 年，外国分支机构总资产只有 4. 599 亿美元；销售额仅为 5. 102 亿美元，占全球 GDP 的 22. 9%；雇员也仅有 2145. 8 万人。跨国公司在过去 20 多年中呈现出快速发展趋势，并已然成为全球经济增长的主要动力。从 2012 年按资产排名的全球前 100 大非金融类跨国公司的分布情况看（见图 1 - 1），发达国家占了 91%，排名前 5 的分别为：美国（22 家）、英国（14 家）、法国（14 家）、德国（10 家）、日本（8 家）；然而，各发展中经济体和转型经济体拥有数均不超过 2 家。（UNCTAD，2013）由此可见，现如今国家之间的竞争已经很大程度上体现于跨国企业之间的竞争，谁拥有更多主导全球分工布局的跨国公司，谁就将在经济发展过程中拥有更多的话语权，从而分享到更多经济增长带来的成果。

表 1-1 全球跨国公司海外分支机构情况

项目	1990 年	2012 年
总资产（万亿美元）	4.599	86.57
销售额（万亿美元）	5.102（22.9%）	25.98（36.4%）[a]
雇员数（万人）	2145.8	7169.5

注：a 销售额在世界 GDP 中的占比。
资料来源：WIR 2013，UNCTAD。

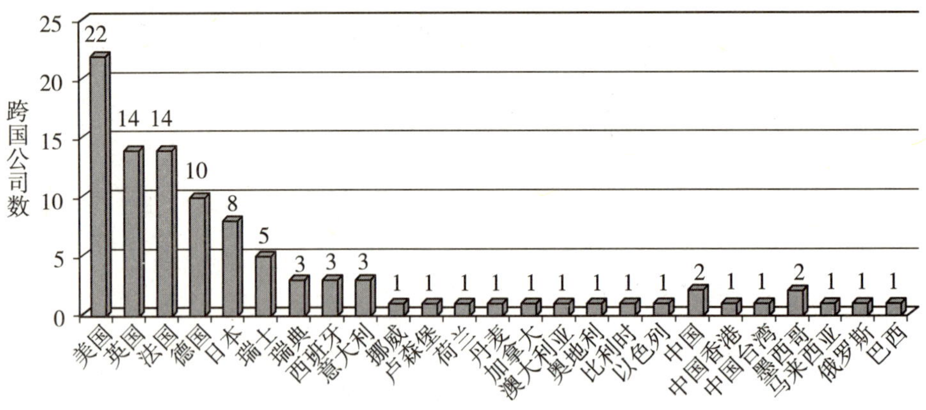

图 1-1 2012 年按资产排名的全球前 100 大非金融类跨国公司分布情况
资料来源：WIR 2013，UNCTAD。

改革开放以来，中国吸引了大量的国际资本，2014 年引进外商直接投资（IFDI）首次超越美国位居全球第一。与此同时，从金融危机后期开始，中国对外直接投资（OFDI）快速增长，商务部发布的《2015 年度中国对外直接投资统计公报》显示，2015 年中国对外直接投资实现历史性突破，创下了 1456.7 亿美元的历史新高，占到全球流量份额的 9.9%，同比增长 18.3%，金额仅次于美国（2999.6 亿美元），首次位列世界第二（第三位是日本 1286.5 亿美元），并超过同期中国实际使用外资（1356 亿美元），实现资本项下净输出。目前，IFDI 与 OFDI 规模已然呈“并驾齐驱”之势。然而，由于劳动力供给减少、投资增速下滑、干中学效应减弱以及需求结构变化等原因，中国经济增长呈现出结构性减速的趋势，而且在未来一段时间内这种速度放缓的局势还将继续。在这种情况下，以 IFDI 与 OFDI 为主导的进一步对外开放能否成为中国经济增长的推动力，在很大程度上取决于 IFDI 与 OFDI 的协调发展。随着经济全球化进程的逐步深化，商品、服务和投资的跨国流动规模不断扩大，国与国之间的经贸关系日益密切。[①] 国际分工呈现以跨国公司为主导，各经济体根据自身比较优势专业化从事全球价值链某个或某些环节的新格局。

实际上中国的对外投资已经超过了外资输入，即中国已经进入了投资输出超过投资输入的“新常态”，而这也将成为中国新时期开放型经济的重要特征。进入新常态后的中国经济，利用外商直接投资和发展本土企业对外直接投资并举，正成为其重要特征。中国共产党十八届三中全会通过的《中共中央关于全面深化改革若干重大问题的决定》指出：“适应经济全球化新形势，必须推动对内对外开放相互促进，引进来和走出去更好结合，促进国际国内要素有序自由流动资源高效配置，市场深度融合，加快培育参与和引领国际经济合作竞争新优势。”

2. FDI 是企业国际化的重要方式[②]

正因为跨国公司在全球经济发展中具有如此重要的战略地位和意义，企业国际化日益成为各国政府和学者关注的焦点问题。总结近几年的《世界投资报告》，企业进军国际市场（企业国际化）主要有以下三种方式：（1）出口；（2）对外直接投资（foreign direct investment，FDI），包括绿地投资（greenfield investment）和跨国并购（cross-border mergers and acquisitions，cross-border M&As）两种（UNCTAD，2000）；（3）非股权模式（non-equity modes，NEMs），如合同制造（contract manufacturing）、服务外包（service outsourcing）等（UNCTAD，2011）。[③] 可见，FDI 是企业国际化的主要方式之一。尤其是 20

---

① 根据 WTO RTA（Regional Trade Agreement）database，截至 2013 年 7 月底，全球向 GATT/WTO 报告的 RTAs 已达 575 个，其中 379 个已实施。与此同时，根据联合国贸发会议（UNCTAD）发布的“World Investment Report 2013”，截至 2012 年底，全球 IIA（International Investment Agreement）数目达 3196 个，其中 BIT（Bilateral Investment Agreement）2857 个。

② 根据世界银行（1996）的共识性定义，FDI 指的是一国投资者（企业）基于企业经营向其他国家投资超过 10% 的股权从而获得持久管理股份（lastingmanagementinterest）的投资。如果投资股份不超过 10%，只能算证券投资（portfolio investment）。

③ 就 FDI 而言，除绿地投资和跨国并购模式外，Meyer 和 Estrin（1999）通过对新兴市场 FDI 的研究，提出棕地投资（brownfield investment）的概念。在新兴市场，企业以绿地投资模式进入通常较慢，而以收购模式进入虽然速度快，但被收购的企业可能对投资者的组织管理不匹配，被收购的企业广泛地被重组并以绿地投资方式重建。因此，他们定义棕地投资为跨国收购的一种特殊情况，企业先以收购的模式进入目标市场，然后再以绿地投资模式将被收购企业的资产重新置换。当企业拥有的强核心竞争力是以东道国企业控制的特定资源为基础时，棕地投资将成为非常重要的战略，但棕地投资相对比常规收购会产生更高的整合成本，因为投资者将会在收购后进行更为深入的重组和资源转移运作。

世纪90年代末以来，全球FDI出现了较为迅速地增长。截至2012年年底，全球内向FDI存量（内向FDI与外向FDI存量几乎相等，这里仅列出其一）已达22.81万亿美元，占当年全球GDP的31.83%（见图1－2）。FDI在国际生产体系中的重要性不言而喻。

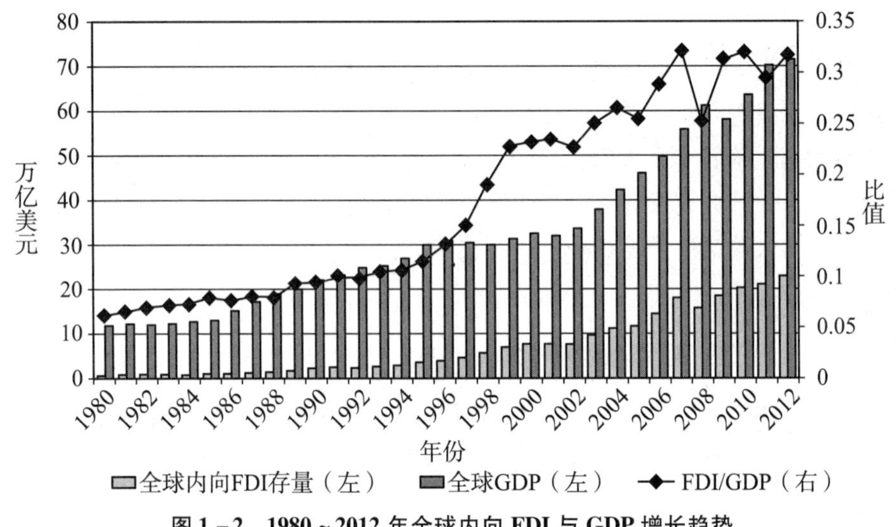

图1－2　1980～2012年全球内向FDI与GDP增长趋势

资料来源：UNCTADstat。

表1－2给出了2003～2012年全球主要经济体各类FDI基本情况，从中可以看出当今全球FDI的一些基本特征。

特征1：不管是跨国并购还是绿地投资，发达经济体都是主要资金来源。发展中经济体的FDI规模虽然和发达经济体还有一定差距，但增长速度非常快，差距在不断缩小。转型经济体的FDI规模非常小，与前两者差距非常大。

特征2：发达经济体的跨国并购主要在其内部进行，对发展中和转型经济体的并购相对少很多；发展中经济体和转型经济体的并购FDI也逐渐开始转向购买发达经济体资产。发展中经济体成为跨国并购的新生动力。

特征3：发展中经济体是发达经济体对外绿地投资主要目的地，其接收的绿地投资规模是发达经济体的2倍左右。

特征4：相比于绿地投资，跨国并购的变动幅度更大。

表 1－2　　2003～2012 年全球主要经济体各类 FDI 基本情况　　单位：百亿美元

经济体	投资交易	2003 年	2004 年	2005 年	2006 年	2007 年	2008 年	2009 年	2010 年	2011 年	2012 年
发达经济体	跨国并购买入交易	13.82	16.70	35.96	49.73	84.17	56.80	16.08	22.37	42.81	17.56
	跨国并购出售交易	15.29	19.72	40.37	52.72	89.19	58.14	20.35	25.72	43.38	26.03
	对外绿地投资	61.25	56.30	53.63	65.83	66.20	111.82	74.95	64.14	64.34	40.43
	接收绿地投资	22.54	23.71	22.47	33.10	32.08	46.27	31.82	30.11	29.46	22.55
发展中经济体	跨国并购买入交易	1.61	2.59	6.87	11.49	14.48	10.58	7.40	9.81	10.83	11.31
	跨国并购出售交易	2.03	2.46	6.38	8.92	10.04	10.48	3.91	8.24	8.85	4.93
	对外绿地投资	13.41	13.11	14.26	23.22	25.73	43.23	27.31	23.82	25.25	19.78
	接收绿地投资	47.62	42.16	41.62	52.94	54.27	99.48	66.53	54.43	55.97	34.61
转型经济体	跨国并购买入交易	0.07	0.24	0.62	0.29	2.17	2.02	0.74	0.57	1.17	0.87
	跨国并购出售交易	0.98	0.54	－0.53	0.90	3.04	2.03	0.71	0.45	3.28	－0.16
	对外绿地投资	2.48	1.67	2.39	2.02	2.46	3.17	1.93	2.16	1.80	1.00
	接收绿地投资	6.98	5.22	6.20	5.02	8.05	12.46	5.84	5.58	5.95	4.05

资料来源：WIB2013，UNCTAD。

3. 全球并购浪潮再现

在经历了20世纪90年代末期的并购浪潮之后，企业跨国并购似乎又有卷土重来之势（见图1-3）。随着一些发展中经济体的崛起，更多的企业开始意识到技术、管理技能等企业特有资产对企业长期发展的重要性，并开始向发达经济体寻求合作。跨国并购不再仅仅是发达经济体之间企业国际化的主要方式，也逐渐成为发展中经济体企业国际化的重要方式，这一点上述特征2也可以反映。

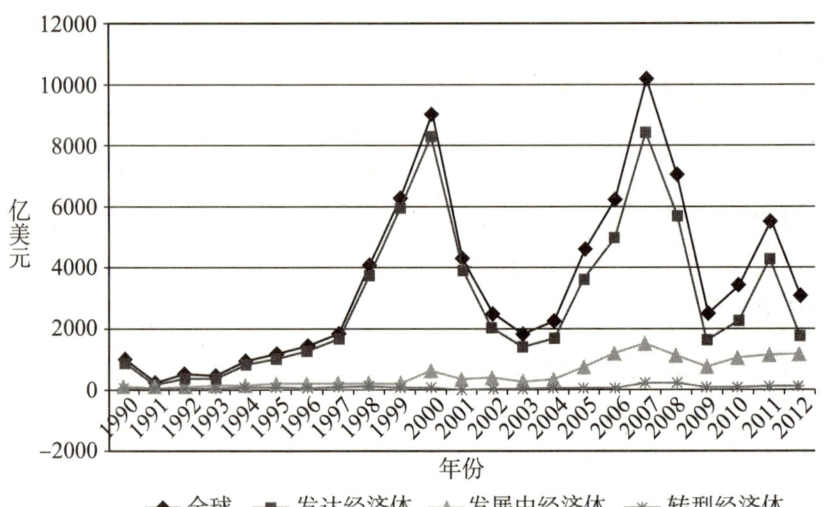

图1-3 1990~2012年全球及主要经济体跨国并购买入交易情况

资料来源：WIR 2013，UNCTAD。

与此同时，从交易数目看（见图1-4），各经济体跨国并购交易数整体呈现上升趋势。发达经济体在2000年达到第一次峰值后，2007年创下5443件并购交易的单年新高。发展中经济体的增长趋势更为平稳，2000年达到第一个峰值531件，2007年达到第二个峰值1047件，2010年达到第三个峰值1084件。而转型经济体的交易数相对少很多，2008年达到其峰值123件。

虽然这一波并购浪潮仍然是由发达经济体主导，但上一轮并购潮相比有了新的特征：发展中经济体、转型经济体和新兴经济体开始大规模地参与到跨国并购浪潮中来，尽管由于2008年经济危机受到了一定的影响，但较发达经济体相对平稳。

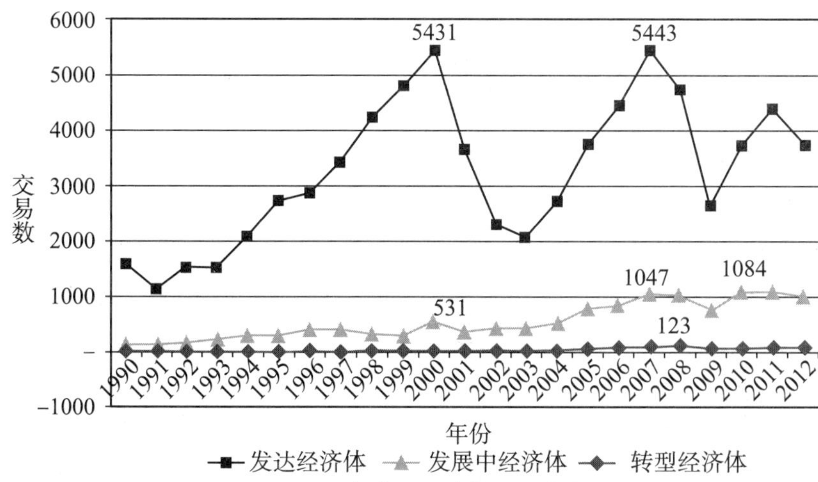

图1-4　1990~2012年主要经济体跨国并购买入交易数

资料来源：WIR 2013，UNCTAD。

4. 中国经济新常态下开放新格局

改革开放以来，中国的对外经济战略至少包括三个层次：（1）对外贸易战略；（2）对外货币战略；（3）吸引外资与对外投资战略。

在对外贸易战略上，中国采取的是出口导向型的贸易战略，即以追求出口和贸易顺差为主要目标。在对外货币战略上，中国采取的是弱势货币战略，即以保护本国经济和金融安全为目的，以资本市场不开放、货币贬值、固定汇率制度和不追求人民币国际化等为具体特征。在对外投资战略上，中国则先是鼓励和吸引外商直接投资，然后同时鼓励对外投资。

一国的经济发展战略环境发生了变化。无限的剩余劳动力供给是中国过去30多年经济的主要特征，而这意味着中国经济本质上是一个需求决定型的经济社会，即经济社会的产量一般由需求决定（或受需求约束），而经济社会供给（如劳动力等生产要素）通常是过剩的。“需求决定型经济”是凯恩斯所设想的经济社会。

就中国的对外经济战略而言，无论是外商直接投资还是追求出口顺差的贸易战略，都可以看成是将外部需求因素作为拉动本国经济增长的动力。而中国采取以货币贬值和汇率固定等为特征的弱势货币战略不仅是因国力所限无法承担起强势货币的重任，同时也在很大程度上是为了推动出口顺差和吸引外商直接投资。在一个需求决定型的经济社会中，这些从需求角度拉动经济增长的思考无疑是顺利的，而过去30多年中国的经济发展过程在本质上也体现为剩余劳动力的消化过程。

然而，经过30多年的改革开放，中国从一个低收入国家发展到中等收入国家，发展中国家所特有的无限过剩的劳动力在中国也已（将）不复存在，中国的劳动力工资也从过去低于GDP的增长转变为高于GDP的增长。“从生产要素相对优势看，过去劳动力成本低是最大优势……现在人口老龄化日趋发展，农业富余劳动力减少，要素的规模驱动力减弱……”（中央经济工作会议，2014）。所有这些都意味着中国经济已进入了发展的第二阶段，即所谓的“新常态”阶段。新的发展阶段或新常态必然意味着经济发展战略应该做出相应的调整。

5. 中国对外直接投资呈现“爆发式”增长

在企业跨国投资成为推动全球经济增长重要引擎的新的发展阶段，作为全球第二大经济体，中国FDI发展问题已然成为全球关注的重要研究领域。笔者认为，主要原因有以下三个方面：（1）中国作为东道国吸引的FDI规模一直保持较高水平，2012年FDI流入金额达1210.8亿美元（仅次于美国的1676.2亿美元），连续4年位居全球第二；（UNCTAD，2013）（2）与此同时，自2005年商务部放宽对企业外向投资的审批以来，中国OFDI呈现更为迅猛的增长态势，尤其是2008年金融危机以来，OFDI出现了“爆发式”增长。2012年OFDI规模更是达到842.2亿美元，处于全球第三的水平（前两位是美国和日本）；（UNCTAD，2013）（3）近年来，中国对外投资的快速增长似乎并不是建立在实体经济持续走强的基础上，相比于发达经济体，中国对外投资发展具有非典型性（见图1－5）。

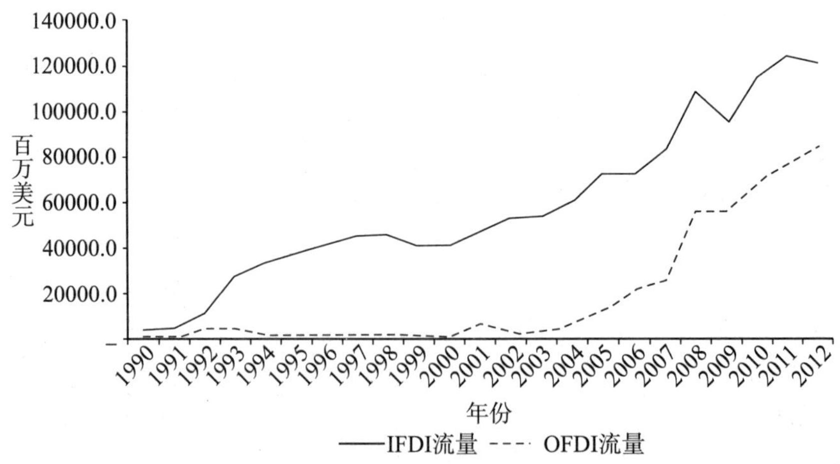

图1－5　1990～2012年中国内外向FDI增长趋势

资料来源：UNCTADstat。

（二）研究意义

本书的研究至少有以下理论价值。

首先，聚焦中国企业的走出去行为过程，契合中国情境要素，探讨中国企业“走出去”实践如何挑战、扩展和延伸各种企业国际化理论，并探究缺乏经典竞争优势和创新能力的新兴经济体企业究竟应当采用什么样不同于传统国际化模式。我们将通过实践抽象与逻辑演绎论证和实证检验“企业国家化理论”对于中国企业“走出去”行为具有强大的解释力，由此回答传统理论所不能回答的关于新兴经济体企业特别是中国企业“走出去”模式的独特问题。

其次，迄今为止的理论研究有个明显的偏向，这便是几乎全部基于欧美工业化国家的自由市场制度框架，而略去了政府战略与政策效应，这与中国以往30多年的实践极为不同。作为一个由计划经济向市场经济转型的经济体，中国迄今为止的国际化，均是在政府战略与政策的强力引导与激励下发生的，政府战略在“引进来”与“走出去”两方面都发挥着巨大的作用。研究中国的IFDI和OFDI需要在已有关于直接投资双向流动的经济学理论框架中纳入政府战略与政策因素，只有引入中国情景的分析范式才可望获得理论上的突破。

此外，既有主流经济学框架（基于欧美经济成长故事）已然是主角，但不会是唯一主角。基于东方经济成长（如中国）故事构建的新跨国经济学框架（制度范式）将会成为另一个主角，它将与既有的主流框架形成竞争态势；两种经济学框架的“市场地位”会伴随东西方经济实力的消长发生微妙或者显著的变化。中国OFDI迅速崛起将“中国故事”推向构建一种新的（制度）范式的舞台中央，蕴含丰富的理论宝藏。

经典跨国投资理论认为企业需要具有所有权优势和资源优势才具备“走出去”获利的能力。中国企业的竞争力更多的还是体现在成本和价格上，既缺乏具有自主知识产权的核心技术也缺乏国际知名品牌，但不少企业已经在“走出去”中获得成功，这是传统理论无法解释的。

可以说，搞清楚中国外向投资发展与国内实体经济之间的关系本质上是对中国经济命脉的一次“诊断”，同时也是对现有主流经济学理论在现实中应用的检验。

在实践上大致有以下意义。

通过对我国企业在全球价值链分工中的参与程度、利益所得、多元距离的实证分析以及案例研究，从打造全球公司、融入全球价值链以适应全球竞争的角度出发，对新常态下中国国际投资合作的基本特征及发展趋势进行深入的分析，打造基于“经济距离、技术距离、文化距离、制度距离、地理距离”的相对综合比较优势的对外投资新优势，推动利用外资和对外投资的良性互动，指导中国企业“走出去”的实践和发展。既能从理论上准确判断我国对外直接投资所处的发展阶段这一基础性问题，对未来我国对外直接投资政策的有效制定具有重要的理论和实践意义；也有助于政府和企业对中国对外直接投资深层特征、所处阶段、面临机遇和挑战有了全面、客观的认识。

二、研究问题的提出

基于上述宏观背景，我们有这样一种直观的感受：随着中国经济对外开放程度地不断提升，国内企业正在加快“走出去”的速度与节奏。（1）理论上，2008 年金融危机以来中国外向投资发展的这种“爆发式”增长应当是中国实体经济持续走强、国内企业竞争力不断增强的结果。然而，事实上自 2008 年金融危机以来，统计数据显示中国经济一直处于持续衰退当中，实体经济不断走弱。直觉上，这与投资发展周期理论（investment-development path，IDP）的主要观点是相悖的。（2）根据异质性企业理论的主要观点（Melitz，2003；Helpman et al.，2004）：只有最高生产率水平的国内企业才会选择以外对直接投资的方式进行国际化；生产率水平稍低的企业会选择以出口方式进入国际市场；而生产率水平最低的那些企业则会因为难以承受高昂的国际市场准入成本留在国内市场。短期内大量企业参与海外投资很难解释为生产率水平的提高。既然实体经济的不断走弱并不能支撑企业走出去，那么中国外向投资发展与国内实体经济绩效之间的关系似乎也并不符合异质性企业理论的主要观点。也就是说，“走出去”企业的生产率水平可能并不一定比国内企业要高；（3）如果中国企业“走出去”并不是生产率的自然溢出，那么“走出去”和国内经济关系如何？对中国供给侧的影响和国内 GDP 的影响如何？过去中国的开放战略以商品出口为主导，随着产能输出替代商品出口，国际风险发生哪些变化？如何降低风险？

基于上述思考，我们认为需要搞清楚以下一些问题：当前中国对外直接投资发展到底处于怎么样的发展阶段？是否真的如直觉一样，中国外向投资发展超前于经济发展水平？中国企业对外直接投资在取得成绩的同时也面临着诸多问题，主要表现为哪些方面？“走出去”的企业是否比没“走出去”的企业具有更好的绩效表现，还是如我们直觉上的判断两者并没有显著差异？未来中国对外投资规模如何？存在的风险如何估计，等等。

此外，需要指出的是，在2005年商务部放宽私人企业的海外投资以前，中国参与外向投资的企业主要是国有企业，这种状况虽然在交易数量上来看有了很大的改变，但从交易额来看，国有企业仍然是中国海外投资的主力军。[①]然而，传统理论观点普遍认为，国有企业由于身兼政府赋予的稳定社会、保障就业等多重职能（multi-task）（Bai et al.，2006），以及可能存在的地缘政治（Buckley et al.，2007）、寻求资源储备和技术扩散（Cheung and Qian，2008；Huang & Wang，2011；Kowalski et al.，2013）等政府战略目标，其经营行为并非以利润最大化为目标；并且在资金方面受政府支持，享有“软预算约束”福利，从而影响了企业的激励机制（Bai and Wang，1998；Ghosh and Whalley，2008）；以及管理者政府委任制度以及管理者的寻租行为导致国有企业管理水平的下降和国有资产的流失（Bai et al.，1999）等一些因素的影响，国有企业的经济绩效并没有私人企业和外资企业的高。因此，有必要以企业所有制为切入点，进一步对企业海外投资进行结构性分析，搞清楚不同所有制海外投资企业在绩效水平、地区分布、行业分布和投资目的经济体的选择上有何差异。

三、相关概念的界定

由于对涉及企业国际化相关的概念没有统一的定义，本书涉及的概念还需先进行界定。

（一）对外投资发展

外向投资指的是一国对其他国家或地区的投资，本文指的是中国对直接其他国家的对外直接投资（outward foreign direct investment）。因此，“外向投资发展”主要包括两方面的内容：第一，从宏观层面看，主要考察中国对外直接投资的发展情况——包括中国对直接投资的发展阶段及其动态演变过程进行考察。第二，从微观层面看，主要考察中国企业参与海外投资的情况——包括海外投资数量和结构（企业所有权结构、OFDI企业的行业分布、OFDI企业的地区分布、投资目的经济体选择）的。国家层面的考察主要反映中国对外直接投

① 后文的研究数据中可以发现，从2006年开始，私人企业的海外投资交易笔数出现“跳跃式”增长，是国有企业海外投资交易数的数倍以上。然而，国有企业海外投资交易额，截至2013年末仍占有四成以上比重。

资的宏观总体情况，企业层面的考察是宏观总体现象背后的微观基础，揭示了中国外向投资发展总体现象背后的差异性特征。

（二）企业国际化

企业国际化就是指企业的生产经营活动不局限于一个国家，而是面向世界经济舞台的一种客观现象和发展过程，是指企业的生产国际化、销售国际化、研发国际化和管理国际化，等等。企业国际化主要目的是通过国际市场，去组合生产要素，实现产品销售，以获取最大利润。

从不同视角分析企业国际化，可以划分不同的类型。本课题从企业研发，且按照研发资源在国内还是国外实现研发创新区分为内向国际化和外向国际化。内向是指企业在国内利用国际技术、人才、服务等创新要素而实现的企业创新国际化。所谓企业的外向国际化是指企业通过资金、设备、厂房等物质性的生产要素到境外投资获取创新资源而实现的企业研发逆向创新国际化。就企业活动的方向来说，企业国际化包括内向国际化和外向国际化两个方面。企业内向国际化主要方式是引进外资，改革开放以来我国实施的“市场换技术”，企业通过直接或间接进口生产性要素或非生产性要素而实现的企业国际化，其主要形式有进口技术设备、三来一补、合资合营、购买技术专利、成为外国公司的子公司或分公司。企业外向国际化是指企业通过直接或间接出口生产性要素或非生产性要素而实现的企业国际化，其主要形式有国外合资合营、技术转让、国外合同签定、在国外建立子公司或分公司。

我国早期企业内向国际化创新的主要渠道是吸引外商直接投资，即IFDI。自从1978年改革开放以来，积极引进外资成为中国经济发展外向型战略的一个核心组成元素，并取得了举世瞩目的成就。在企业管理、制度设计、技术模仿的各个方面都有目共睹的成效，直接缩小了我国与世界发达国家的技术差距。但随着国内外技术水平差距的缩小，引进外资带来的直接技术溢出减少，特别是关键技术仅靠引进外资是难以获得的，对外投资，到发达地区研发性逆向投资，即OFDI，在我国迅速兴起。

第二章

相关研究文献述评

一、国外学者研究史综述

本章为相关研究的文献综述部分，主要就第一章中所涉及的问题进行系统性的综述。

早期的研究关注资本作为一种要素从“富裕”国家或地区流向“稀缺”国家或地区的行为及其对母国与东道国产生的影响；第二次世界大战以后国际资本流动更多的是以产业资本的形式在发达国家间转移，学者们开始热衷于研究发达国家的对外直接投资；20 世纪 70 年代末，随着次发达国家和发展中国家对外直接投资的兴起，国外学者开始重视对这两类国家对外投资行为的研究。

（一）从要素流动视角分析国际资本流动的成因及产生的影响

19 世纪之前关于国际直接投资的研究主要在国际贸易框架内分析国际资本流动问题（Smith，1776）。20 世纪 30 年代中期以后，对外直接投资领域的研究逐渐开始从国际资本流动框架中分离出来，这一阶段的研究主要围绕对外直接投资对母国经济的影响进行分析。路易斯（Lewis，1938）针对对外直接投资对美国经济的影响作了专门研究，这是分析对外直接投资影响母国经济的最早的文献，之后的研究从出口、就业和国民收入三个维度进行研究。马德（Muddle，1957）最早探讨对外直接投资对母国出口影响，提出了要素的国际流动会对母国出口产生替代效应，后续的学者进一步分析两者之间的关系（Buckely and Casson，1981；Grubert and Mutti，1991；Blonigen，2005）；雅西（Jasay，1960）则从就业方面研究了对外直接投资对母国经济的影响，在母国资源较为有限的情形下，对外直接投资对国内的就业具有替代效应（Svensson，1996），陈和古（Chen and Ku，2000）和弗利等（Foley et al.，2007）进一步分析了对外投资对母国就业的影响；麦克杜格尔（MacDougall，1960）深入分析了国际资本间的流动对母国国民收入产生的影响，结果表明国际间的资本流动会促进投资国和东道国经济发展。与此同时，他还考察了对外直接投资对东道国生产率的影响，凯夫斯（Caves，1974）则是首次实证分析外资溢出效应，后续学者从母国经济增长、出口和自主创新等维度考察了外商直接投资的作用（Blomström，1986；Atiken et al.，1997；Greenaway et al.，2004；Javorcik，2004，2008；Girma，2005；Buckley et al.，2007；Casillas and Moreno-Menéndez，2014；Holmes et al.，2015；Pavlínek and Žížalová，2016）。

（二）发达国家对外直接投资理论

第二次世界大战之后，大量来自美国的资本流入欧洲，FDI 的迅速发展引起了理论界的关注。这一时期重点研究发达国家跨国公司对外投资行为，经典理论主要包括垄断优势理论、产品生命周期理论、内部化理论和国际生产折衷理论。20 世纪 60 年代，学者们提出跨国投资的垄断优势理论。海默（Hymer，1960）首次提出对外直接投资理论，后续的研究就发达国家对外投资理论进一步拓展。该理论指出若企业拥有独特竞争优势（如，丰富的管理经验、先进的技术和较强的营销水平）则能弥补上述不利因素，使企业对外直接投资获得成功。在此基础上，弗农（Vernon，1966）将动态变化纳入至该理论，认为产品存在创新、成熟和标准化三个阶段，其分别拥有的垄断优势地位不同，所以选择对外直接投资的时间点和目的地也不相同。巴克利和卡森（Buckley and Casson，1976）指出由于市场信息的不完全性导致交易成本的存在，企业开展对外直接投资的主要动机或者目的就是为了消除与克服外部市场的不完全性给企业经营效率带来的不利影响。邓宁（Dunning，1980）将垄断优势理论和内部化理论整合，提出国际生产折衷理论，他认为企业对外直接投资需要满足三个条件，即所有权优势、区位优势和内部化优势。在保持原有折衷理论框架不变的基础之上，邓宁（1995）将企业与其他组织合作所产生的能力和竞争力纳入所有权优势范畴，同时还将影响对外直接投资的制度因素融入至国际生产折衷理论（Dunning，2008）。当然，经济全球化程度不断深入也为对外直接投资理论的拓展提供了新的方向。

（三）次发达国家和发展中国家对外直接投资理论

20世纪70年代末，随着次发达国家和发展中国家对外直接投资活动的兴起，又形成了解释其对外投资行为的各种理论，经典的理论包括边际产业理论、投资发展周期理论、技术创新产业升级理论、技术寻求性动机理论和“LLL”理论等。小岛（Kojima，1978）基于比较优势视角提出边际产业理论，他认为一国对外直接投资应该从在本国处于比较劣势或即将处于比较劣势的产业依次进行，企业和东道国的差距越小越好，这样有利于在东道国投资获得成功，两国还可以从对外直接投资中贸易互补并最大程度受益。邓宁（1981）提出的投资发展周期理论（IDP），他认为引进外资与对外投资存在周期性变化，经济发展水平有四个阶段，不同阶段内一国或地区引进外资和对外直接投资水平有所不同。当一国经济发展水平很低时引进外资较少且对外投资几乎不存在，随着经济发展水平的提高，一国逐步开始对外投资。发展中国家往往处于经济发展水平较低的阶段，大量的外资流入推动了这些国家的发展。需要注意的是，经济发展水平并非是一成不变的，2006年联合国贸易和发展会议对四个阶段的划分标准作了修改。拉尔（Lall，1983）提出本土化技术优势理论，他认为通过吸收外国标准化技术并对国外技术进行改造和技术创新，加入自身民族和地区特色，拥有了技术本地化优势，利用这种相对价格优势和产品细分市场进行对外直接投资。

坎特韦尔（Cantwell，1989）从技术进步和产业结构渐进的角度分析发展中国家企业对外投资的动因。他提出了技术创新产业升级理论，发展中国家企业对外直接投资扩张是一个技术不断积累的过程，发展中国家企业对外直接投资和国内产业结构和自身技术能力积累有关，根据自身相对比较优势选择对外直接投资的地区，投资于创新区域活跃的地区可以获得先进技术信息，促进发展中国家技术的提升，发展中国家技术的积累又会促进发展中国家进一步扩大对外直接投资区域。科古特和常（Kogut and Chang，1991）在系统考察日本对美国投资产业后，发现日本企业R&D投入和美国产业创新频率正相关，首次提出技术寻求性动机理论，也就是说跨国企业海外投资是出于获取先进技术的目的，而这也符合绝大多数发展中国家企业的现实情况，之后的研究主要关注对外投资对母国生产率的影响和逆向技术溢出效应（Lee，2006；Bitzer and Kerekes，2008）。波特（Porter，1990）和彭（Peng，2003）运用资源基础观、产业基础观和制度基础观理论分析对外直接投资理论，从动态和静态两个方面考虑了企业优势的积累，提出了“差异性”资源的概念。在此基础上，加上企业面临的产业因素和制度因素，共同支撑起发展中国家企业外向 FDI 的理论解释，后续的研究进一步拓展了这一理论框架（Arregle et al.，2013；Meyer et al.，2014；Perkins，2014；Faulconbridge and Muzio，2015）。

马修斯（Mathews，2006）提出 LLL 分析框架（Linkage-Leverage-Learning），该理论指出即使缺乏资源和竞争优势，新兴经济体企业依旧可以利用全球经济一体化的机遇建立各种联系，通过杠杆效应不断地学习以获取资源，在技术、管理和国际化方面逐步积累经验，从而提升参与全球竞争的能力。发展中国家这种行为可能是由于一股新兴力量引致的（Jin，2012），她认为资本流向受传统力量（使得资本流向那些比较稀缺的地方）和新兴力量（资金流向生产并出口资金密集型产品的富有国家）影响，当后一种力量占主导地位时，资本自然就会流出依赖劳动密集型产业的国家。

二、国内学者研究史综述

相对于国外学者的开创性工作而言，国内学者更多是在国际直接投资理论分析框架内予以不断完善并分析其在中国特定情境中的实用性。国内对该问题的研究可以分为两个方向。

（一）关于垄断优势和比较优势理论的扩展

宝贡敏（1996）认为发展中国家企业进行对外直接投资的根本驱动因素还是追求规模经济带来的效益和控制广阔的海外市场，企业资源优势并不是对外直接投资的必要条件，马亚明和张岩贵（2000）也证实了这一观点。程惠芳（1998）提出对外直接投资的综合要素比较优势理论，孙建中（2000）则认为中国经济高速增长也是一种优势，带来多元化对外直接投资动机。这一阶段内，学者们还关注了逆向技术溢出效应。如，冼国明和杨锐（1998）指出发展中国家对发达国家投资的主要动机就是实现逆向技术溢出效应，后续的研究对逆向溢出效应的效果和实现条件做了相应的完善（赵伟等，2006；李梅和刘世昌，2012；沈能等，2013）。还有学者就对外直接投资与中国经济增长之间的关系进行了研究（冯彩和蔡则祥，2012；徐清，2015；张小溪和樊友丹，2016）。此外，国内学者更关心外商直接投资对东道国的影响，程惠芳

（1998）指出外商直接投资是经济增长的新源泉，王新（1999）根据哈罗德—多马动态经济增长模型研究外商直接投资与中国经济增长的关系，钟昌标（2000）也证实了外商直接投资对经济增长的正向作用，有学者进一步从外资特征等方面考察外资对经济增长的影响（沈坤荣和耿强，2005；郭熙保和罗知，2009；邹建华和韩永辉，2013）。另外，学者们也发现了外商直接投资对出口的影响以及外资溢出效应。已有的研究发现外商直接投资对于出口存在促进作用（刘恩专，1999；詹晓宁和葛顺奇，2002；谢建国，2003；桑百川和李玉梅，2008），钟昌标（2007）、赖永剑（2011）和冯丹卿等（2013）则从地区、行业、空间和外资进入程度等视角探究了引进外资与出口之间的关系；沈坤荣和耿强（2000）发现外资正向溢出效应，潘文卿（2003）和傅元海等（2010）证实东道国企业能够从跨国公司经营活动中获利，后续研究从企业、行业异质性、空间和产业关联视角分析了外商直接投资溢出效应（钟昌标，2010；钟昌标等，2013；黄远浙等，2014；陈丰龙和徐康宁，2014）。

（二）关于政府以及制度对于对外投资影响的研究

进入世纪之交，受“入世”以及全球化进展的影响，中国市场化进程不断加快，关于政府以及制度对对外投资影响的研究开始涌现。熊伟等（2008）认为制度是影响对外直接投资的根本性因素，阎大颖（2009）将制度优势进一步细化为政策扶植和海外华裔资源等维度考察制度优势在对外投资中的作用。陈岩（2012）则从母国制度优势出发，分析制度因素如何作用于资源从而影响企业对外直接投资决策的具体调节机理。当然，中国目前仍处于制度体制改革的关键时期，存在很多影响对外投资效率的制度性障碍和政策缺失（张建红和周朝鸿，2010；李凝和胡日东，2011），也不存在一个完善的对外投资促进体系（卢进勇，2012）。此外，制度还会对对外直接投资的区位选择产生影响（宗芳宇等，2012；李阳等，2013；王永钦等，2014；李梅等，2014）。除了研究对外直接投资逆向溢出效应以外，学者们还关注了对外直接投资对就业和出口的影响。寻舸（2002）指出短期的刺激效应明显大于替代效应，对国内就业是利大于弊的，罗良文（2007）、柴林如（2008）、于超和葛和平（2011）也证实了这一观点，张建刚等（2013）则认为对外直接投资的母国就业效应随着时间和地区的不同主要表现为就业创造效应和就业替代效应，韩民春和张丽娜（2015）模拟了制造业 FDI 撤离的就业效应并比较不同应对政策的调控效果；项本武（2009）发现外向 FDI 显著促进了我国对东道国的出口，张春萍（2012）也证实了对外直接投资存在显著进出口创造效应，最新的研究重点分析企业对外直接投资与出口的关系（毛其淋和许家云，2014；蒋冠宏和蒋殿春，2014）。

三、OFDI 与经济增长相关文献

19 世纪 60 年代，海默（1960）提出厂商垄断优势理论，至此国际直接投资理论作为独立的理论开始引起关注，并成为国际经济学研究的热点问题。随着国际分工日益呈现以跨国公司为主导、各经济体根据自身比较优势从事全球价值链某个或某些环节的新格局，国际直接投资理论越来越受到重视。从现有的文献来看，关于国际直接投资的文献非常之多，研究方向也比较多元化。其中，关于 FDI 与经济增长的研究是讨论最早并且也是最多的。然而，我们知道，FDI 根据流向的不同可以分为 OFDI（外向投资）和 IFDI（内向投资），在 FDI 与经济增长研究领域讨论最多的是外商直接投资（IFDI）对东道国的影响，而对外向投资（OFDI）与母国（home country）经济增长关系的讨论相对而言要少一些。尤其是实证研究方面，由于早期 FDI 微观企业层面的数据可得性较差，大多研究只停留在国家或行业层面。近年来，随着数据可得性的越来越强，越来越多的研究开始利用企业层面数据从微观视角对宏观经济现象进行解释分析。

（一）OFDI 促进经济增长

支持企业参与海外投资的观点认为，OFDI 不仅可以使国内企业能够开拓新的市场，企业还可以以更低的成本从其海外分公司进口中间品，同时还能因为技术溢出使得企业生产率获得进一步提升，从而增强国内企业国际竞争力，最终促进了母国经济的增长（Song et al.，2011；Iwasa and Odagiri，2004；Riviezzo，2013；沈能和赵增耀，2013；尹建华和周鑫悦，2014；鲁万波等，2015）。

从单个跨国企业来看，跨国公司会根据海外生产和母国生产的情况来降低成本以提高国内生产的回报率，从而刺激国内生产要素的需求和产出水平。（Desai et al.，2005）因此，最终品最初的出口损失足以用向海外分支出口中间品和服务来弥补。（Kokko，2006）更为重要的是，从长期来看，可以使跨国公司通过新市场准入或成功渗透已有市场来提高国际竞争力。尤其是技术导向型 OFDI 通常通过并购国外企业或在海外成立研发中心来获取重要或关键技术。如果 OFDI 企业获取了国外先进的技术专利、管理技能、消费者品位等方面的知识，它们必然会被转移回母国，从而提高母国的生产率水平和产出水平（Fosfuri and Motta，1999）。

从整个母国经济来看，OFDI 不仅可以对海外投资企业产生正向影响，同时也会回母国其他生产商产生积极影响（Blomstrom and Kokko，1998）。正如，海外投资企业可以从企业海外投资公司获得技术溢出一样，国内企业同样可以通过技术扩散获得来自 OFDI 企业的技术溢出。与此同时，激烈的竞争又使得国内其他企业不得不更有效地使用现有的技术和资源，从而使整个母国企业的总体生产率水平得到提升，促进经济增长。

（二）OFDI 抑制母国经济增长

反对企业参与海外投资的观点认为，OFDI 作为企业国内生产的替代，不可避免地会影响国内投资、就业、生产率，从而对母国经济增长产生影响。

如果企业的融资规模是受限的，那么国内企业参与海外投资，必然使削减其在国内的投资额度。也就是说，企业的海外投资与国内投资存在一定的相互替代作用。（Stevens and Lipsey，1992）事实上，德赛等（Desai et al.，2005）从融资方面对跨国过公司国外和国内活动的相互影响进行过研究，他们认为融资约束对于跨国公司国外与国内活动并没有很大影响。与此同时，当企业在国内的投资开始放缓甚至转移至国外时，母国的就业机会存在逐渐下降或转移海外部门的可能。此外，有一点需要认识到的是，尽管 OFDI 可能会使母公司获得技术溢出，但与此同时，海外投资行为也增加了东道国的市场竞争程度。如果东道国国内投资者偏好外国竞争者的产品，那么也可能会导致跨国公司的国内生产减产。

总的来说，关于 OFDI 与经济增长的理论观点存在很大分歧。支持企业参与海外投资的研究者认为，企业一方面可以通过 OFDI 获得新市场或渗透已有市场，另一方面可以通过技术溢出提高生产率水平，从而提高企业在国际市场的竞争水平。与此同时，反对企业参与海外投资的观点认为，OFDI 作为企业国内生产的替代，不可避免地会影响国内投资、就业、生产率，从而对母国经济增长产生影响。

（三）OFDI 与经济增长的经验研究

尽管关于 OFDI 与经济增长的实证研究汗牛充栋，但遗憾的是，实证研究无法对 OFDI 是否对母国经济增长产生积极影响以及如何产生这种影响给出清晰的解释。首先，实证研究对于 OFDI 对经济增长的影响效果有很大争议。其次，即便论证了 OFDI 对经济增长的影响效果，但存在两方面的困难：第一，行业和企业层面的研究结果可能存在很大差异；第二，有时很难搞清楚 OFDI 到底是通过何种路径影响了经济增长。

从 OFDI 与企业国内投资替代性角度来看，史蒂文斯和利普西（Stevens and Lipsey，1992）通过对 7 家美国跨国公司国内投资行为的研究发现，海外投资对国内投资具有替代性。换言之，OFDI 导致跨国企业的国内投资下降了。然而，德赛等（Desai et al.，2005）对史蒂文斯和利普西（1992）的研究结论提出质疑，并利用时间序列数据模型论证了海外投资对国内投资的正向促进作用。

其次，就 OFDI 对国内就业的影响而言，利普西（1994）利用美国企业数据检验了企业海外投资对国内就业水平的影响，结果表明，企业海外投资提高了国内就业水平。布鲁斯特朗等（Blomstrom et al.，1997）认为，不同国家 OFDI 对国内就业的影响存在显著差异，并指出美国跨国公司海外投资行为导致其削减国内母公司就业，而瑞典跨国公司的海外投资行为反而增加了其母国公司的就业。

对于 OFDI 是否能否提升母国的生产率水平这个话题，布拉肯尼尔等（Braconier et al.，2001）利用瑞典企业和行业层面数据的研究结果表明，OFDI 对母国生产率水平的提升不明显。巴尔巴·纳瓦拉提和卡斯泰拉尼（Barba Navaretti and Castellani，2004）对意大利企业的检验结果却支持了“OFDI 提升母国生产率水平”的观点。

此外，海彻（Herzer，2010）同时利用时间与截面数据对美国 OFDI 影响母国经济增长的情况进行检验，结果支持了 OFDI 对母国经济增长的积极影响。刘等（Liu et al.，2015）利用中国台湾 1084 家制造业企业 2000～2010 年的数据从国内投资、就业、生产、收入分配等多个角度进行了验证，结果表明，中国台湾对高收入经济体的海外投资能够对国内投资、就业、生产产生正向作用，而对低收入经济体的海外投资则导致国内就业岗位下降以及国内“产业空洞化”。①

① 这里的产业空洞化指的是伴随对外直接投资，国内跨国公司开始将国内产业转移到国外，公司的国内部门已经被掏空，如果产业内大量企业都存在产业转移行为，母国国内的投资和就业将因此受到严重影响。

总的来说，OFDI 对经济增长的影响目前没有共识性结论。

（四）针对中国的研究

近年来，随着中国加大了对“走出去”战略的扶持力度，大量私人企业开始参与到海外投资的浪潮当中，中国 OFDI 的研究成为一个热点话题。“走出去”战略的本意是通过企业参与海外投资提高工业化水平以及技术升级，从而提升本国的经济发展水平（Gu and Reed，2013）。鲁桐（2000）早期对英国中资企业在所有权形式、投资动机、经营战略等 7 方面综合考察，认为中国企业海外投资仍处于初级阶段，并不具备很强的国际竞争力。赵伟等（2006）认为虽然中国外向投资发展的历史并不长，但对技术进步的影响已开始显现。大量经验研究表明，中国 OFDI 对海外投资企业的绩效表现并没有显著地提升作用。（李泳，2009）其主要落脚点是从国家层面（Buckley et al.，2007；Huang & Wang，2011；Ivar Kolstad & Arne Wiig，2009；Deng，2009；程惠芳和阮翔，2004；蒋冠宏和蒋殿春，2012）[①] 或企业层面（Ramasamy et al.，2012；Amighini et al.，2013）讨论中国 OFDI 背后的动机以及东道国的选择。王永钦等（2014）则从制度、税负和资源禀赋角度解释中国对外直接投资的东道国选择。而宗芳宇等（2012）结合制度环境和双边投资协定探讨了中国对外直接投资的区位选择。

并且，随着中国微观企业层面数据的可得性增强，最近的文献大多从企业层面给出论证和解释。比如，陈和唐（Chen and Tang，2014）利用商务部数据库考察了海外投资对企业经济绩效的影响；Edamura et al.（2014）则使用 China Financial Database 考察了并购的影响。科扎等（Cozza et al.，2015）通过对 368 家 OFDI 企业（这些企业在欧洲至少有一个分支机构）2003 ~2011 年数据，分绿地投资和并购两种不同模式进行绩效表现的进行讨论，结果表明绿地投资模式对于企业绩效表现更具推动作用。

① Ivar Kolstad & Arne Wiig（2009）的研究实际上是对 Buckley et al.（2007）、Cheung and Qian（2008）以及 Cheng and Ma（2008）OFDI 研究的进一步补充。Buckley et al.（2007）最主要的发现在于中国 OFDI 倾向于政治风险高的国家；Cheung and Qian（2008）则认为自然资源是中国 OFDI 的主要目标。Ivar Kolstad and Arne Wiig（2009）认为他们使用的是已批准的 FDI 统计量，而非实际发生的统计量，并且 Cai（1999）认为只有 15% ~20% 的已批准投资会最终执行，因此存在偏误，所以他们采用的数据为实际发生的 OFDI 统计数据作为研究样本数据，其主要贡献在于考虑了自然资源和制度交叉项对 OFDI 的影响。

第三章

中国对外直接投资发展阶段特征和动态演变

一、中国引进外资与对外投资的发展阶段和主要特征

（一）“引进来”战略的演化历程

1.“引进来”的启动与出台阶段（1978～1985）

改革开放前，中国“引进来”的理论与政策几乎是一片空白。改革开放之初，中国政府开始尝试创新“引进来”的基本政策框架，为“引进来”提供基本的平台，中央出台了一系列“引进来”的重大举措。其一，设立“引进来”的归口管理机构；其二，创新“引进来”法律的基本框架；其三，落实华侨政策，鼓励华侨回归投资；其四，创办经济特区，使其成为“引进来”的试点区和切入点。

2.“引进来”体制的调整阶段（1986～1991）

由于我国“引进来”处于起步阶段，引资政策不完善、缺乏引资经验和引资环境较差等因素导致我国“引进来”中出现了诸多问题，这要求国家不断调整已有引资政策，进一步规范引资工作和流程，使其更好地发展。

具体的调整措施主要有，其一，颁布了《关于鼓励外商投资的规定》，提供出了二十二条关于引进外资的政策建议；其二，进一步完善“引进来”的立法和管理体制，审议通过了《外资企业法》、《中外合作经营企业法》、《著

作法》和《中华人民共和国外商投资企业和外国企业所得税法》等一系列法律法规；其三，提高“引进来”的产业政策引导能力，在该时期内，国家有关部门制定了《指导吸收外商投资方向暂行规定》，颁布了《国务院关于当前产业政策要点的决定》。

3. “引进来”体制的进一步调整阶段（1992～1996）

党的十四大以来，中国“引进来”体制进一步进行了调整，十四大报告指出，要进一步拓宽“引进来”的领域，采取更加灵活的方式，继续完善投资环境，为外商投资经营提供更方便的条件和更充分的法律保障。为此，中国政府各部门相继出台了一系列鼓励发展外资经济方面的具体政策和措施，主要表现为：其一，拓展了“引进来”的地域空间，将在20世纪80年代确定的开放城市和地区的基础上，进一步扩大到沿江港口城市、内陆边境城市和内陆省会城市，并制定了逐步扩大开放领域、在服务贸易项目引进外资方面开展试点工作。在1992年国务院出台了《关于加快改革、扩大开放、力争经济更好更快地上一个新台阶的意见》，又于1996年发布了《关于扩大内陆省、自治区、计划单列市和国务院有关部门等单位吸收外商直接投资项目审批权限的通知》；其二，进一步完善“引进来”的法律法规，为了加强对假合资和资金长期不能到位的外商企业的管理，国家出台了《关于进一步加强外商投资企业审批和登记管理有关问题的通知》，同时，有关部门还加强了对外商投资企业日常生产经营活动的监督管理；其三，出台新的产业政策，加强“引进来”的产业导向。为了提高“引进来”的效率，国家有关部门出台了一系列“引进来”的政策，1995年颁布了第一部《外商投资产业指导目录》和《指导外商投资方向暂行规定》，与此同时，还颁布了《外商投资企业进口管理实施细则》和《外商投资企业投资者股权变更的若干规定》。

4. “引进来”体制的完善阶段（1997～2014）

在该短时期内，国内宏观经济环境变化和加入WTO要求中国外资政策逐步与国际接轨。在该时期内，我国“引进来”体制得以不断完善，主要体现在，其一，适应加入WTO的新形势，及时修订《外商投资产业指导目录》。随着国内外经济形势的巨大变化，1997年发布的《目录》已经不适应新形势的发展需要，新《目录》进一步明确了外商投资的重点领域，在内容和结构上进行了大幅度修改，增加了鼓励类项目，放宽了外商投资的股比限制，进一步开放银行、保险、外贸等服务贸易领域；其二，进一步合理布局外商投资的地域分布。为推进国家西部大开发战略，加大中西部地区的引资力度；其三，改善外商投资的法律环境和政策环境，增加政策透明度，依据 WTO 相关规则及对外承诺，逐渐取消或调整一些不合规定的法律法规，简化审批手续，维护和完善公平开放的市场环境，增强政策的透明度；其四，扩大引资领域，促进中国第三产业的发展，通过建设上海、天津、广东和福建等自贸实验区，全面改进引进外资的体制机制。

（二）“走出去”的演化历程

中国“走出去”开始于新中国成立之初，最初的形态是为国际贸易提供便利的贸易代表处，对外直接投资的全面发展则是开始于改革开放之处，根据中国“走出去”体制的特征和表现，可以将其分为以下三个阶段。

1. “走出去”的起步与探索阶段（1979～1989）

十一届三中全会后，在改革开放方针的指引下，1979 年 8 月 13 日，国务院提出了 15 项经济改革措施，其中第 13 项明确提出：“要出国办企业”。这是中国在经历 30 年的建设历程后政府第一次把“走出去”作为政策确立下来。这项政策的确立，为中国企业的跨国直接投资开辟了道路。为了贯彻执行国务院提出的“要出国办企业”的政策，1981 年原外经贸部颁发《关于在国外开设合营企业的暂行规定》及《关于在国外开设非贸易性企业的暂行规定》，1984 年又制定《中国“走出去”开办非贸易性企业的暂行审批程序和管理办法》，1985 年 7 月原对外经贸部根据国务院指示的精神，颁布的《关于在国外开设非贸易性合资企业的审批程序和管理办法》，对中国企业对外直接投资的管制方面有所放松，指出“只要是经济实体，有资金来源，具有一定的技术水平和业务专长，有合作对象，均可申请到国外开设合资经营企业”。此后不久，国家外汇管理局颁发了《海外投资外汇管理办法》，原国家计划委员会颁发《关于加强海外投资项目管理的意见》。这些有关“走出去”政策和规定的出台标志着中国“走出去”体制已经初步建立。

2. “走出去”的稳步调整阶段（1990～1999）

从 1993 年开始，国家实行经济结构调整，抽紧银根，力图实现经济软着陆。与此同时，国家决定对海外投资企业进行清理整顿，对新设海外企业实施严格的审批登记制度，并对原有的境外企业进行重新登记。1993 年，国务院颁发《关于暂停收购海外企业和进一步加强海外投资管理的通知》，原国家国有资产管理局颁发《关于用国有资产实物向海外投资开办企业的有关规定》；1995 年，原国家国有资产管理局又颁发《海外企业、机构清产核资工作方案》及其有关规定；1996 年，财政部颁发《海外投资财务管理暂行办法》。1998 年 2 月，中国领导人在中共十五届二中全会上明确提出，必须要在中国政府的领导下，逐步、稳定地组织支持一批有实力有优势的国有企业“走出去”，到国外去进行“走出去”，主要投资区域可选择到中亚、中东、非洲、中欧、南美等地。这标志着“走出去”战略雏形的形成。

3. “走出去”的转折阶段（2000～2014）

2000 年以后，中国开始实施“走出去”战略，从限制“走出去”逐渐向放松“走出去”管制和鼓励“走出去”转变。以下从战略、审批与管理制度以及具体的政策（主要是鼓励政策）三个方面来考察中国对外直接投资体制的巩固和完善过程。

首先“走出去”战略演进。2000～2014 年，中国各职能部委为了实施“走出去”战略，陆续出台了一些法律法规鼓励和支持海外投资，2001 年 3 月，我国政府正式将“走出去”战略写入全国人大九届四次会议通过的《国民经济和社会发展第十个五年计划纲要》，纲要针对“走出去”提出了具体要求。此后，在十六大政治报告、十六届三中全会《关于完善社会主义市场经济体制若干问题的决定》、十七大政治报告、“十一五”规划纲要、“十二五”规划建议以及历年政府工作报告中，均对“走出去”战略有明确表述。

其次，审批与管理制度的演变。现行的对境外投资的审批与管理制度是根据 2004 年 7 月 16 日通过的《国务院关于投资体制改革的决定》和 2008 年 8 月 1 日通过的《中华人民共和国外汇管理条例》来确定的。前者确立了对境外投资管理由审批制向核准制的转变，并明确规定发展改革委负责境外投资项目的核准，商务部负责对境外开办企业的核准。后者确立了外汇管理由强制结售汇向自愿结售汇的转变。依据上述决定，发展改革委于 2004 年 10 月 9 日发布了《境外投资项目核准暂行管理办法》，除了对核准程序和核准条件做了详细规定以外，还对核准权限做了进一步细分。在 2008 年《中华人民共和国外汇管理条例》发布以后，外管局于 2009 年 7 月 13 日发布了《境内机构境外直接投资外汇管理规定》。根据该规定，境内机构可以使用自有外汇资金、符合规定的国内外汇贷款、人民币购汇或实物、无形资产及经外管局核准的其他外汇资产来源等进行境外直接投资。应该说，到 2014 年，中国企业境外直接投资的用汇自由度已显著提高。

最后，鼓励政策的演变。2004 年 10 月，国家发展改革委、中国进出口银行等颁布了《关于对国家鼓励的境外投资重点项目给予信贷支持的通知》，每年安排“境外投资专项贷款”，享受出口信贷优惠利率。2005 年 8 月，为推动非公有制企业“走出去”开拓国际市场，商务部和中国出口信用保险公司做出了《关于实行出口信用保险专项优惠措施支持个体私营等非公有制企业开拓国际市场的通知》。政策性金融机构在促进“走出去”方面确实发挥了一些实质性的作用。但是，从当前来看，政策性金融机构对大项目的支持较充分，而对中小项目的支持还是不足的。另外，国家发展改革委于 2006 年 7 月 5 日发布了《境外投资产业指导政策》和《境外投资产业指导目录》，在这一文件中明确规定了鼓励类和禁止类境外投资项目。从鼓励类项目和具体的指导目录可以看出，发展改革委在政策层面上认识到了要通过对外直接投资来提升中国在国际产业链中的地位和促进国内的产业结构升级。

随着中国对外开放政策的进一步深化，对外经济合作战略已经从侧重“引进来”转变到“引进来”和“走出去”双向发展阶段。从这个意义上来讲，弄清楚中国内外向 FDI 的动态演变过程，对于未来把控和深化中国对外经济合作战略、协调促进内外向 FDI 发展具有重要的指导作用。邓宁的国际投资发展阶段理论主要探讨一国对外直接投资的流入和流出状况同本国经济发展之间的关系，如图 3 - 1 和表 3 - 1、表 3 - 2 所示。分别给出了中国国内生产总值和对外直接投资存量的年度数据以及两者的增长率情况，其中国内生产总值 GDP 的数据可直接从国家统计局官方网站获取，且更新至 2015 年，对外直接投资数据则鉴于数据可得性原因只给出了截至 2013 年的数据，根据商务部发布的关于中国外向投资发展年度回顾的《2013 年度中国对外直接投资统计公报》。从 GDP 的数据来看，如果提出 2008 年金融危机后中国推出的大规模刺激政策因素，实体经济处于持续衰退趋势。GDP 增长率已从 2007 年的峰值水平（14.7%）下降到 2015 年的 6.9% 中速增长率水平。而反观对外直接投资增长趋势，2005 年由于政府相关部门放松了对国企海外投资的审批，转向大力支持国内企业走出去，2006 年 OFDI 出现大幅增长。如果剔除政策因素导致的对外直接投资增长跳跃性，可以说 2008 年金融危机以来，中国外向投资保持着超过 20% 的较高增长速度。这与我们直觉上的判断是一致的：中国对外直接投资增长趋势与经济增长趋势是背离的。

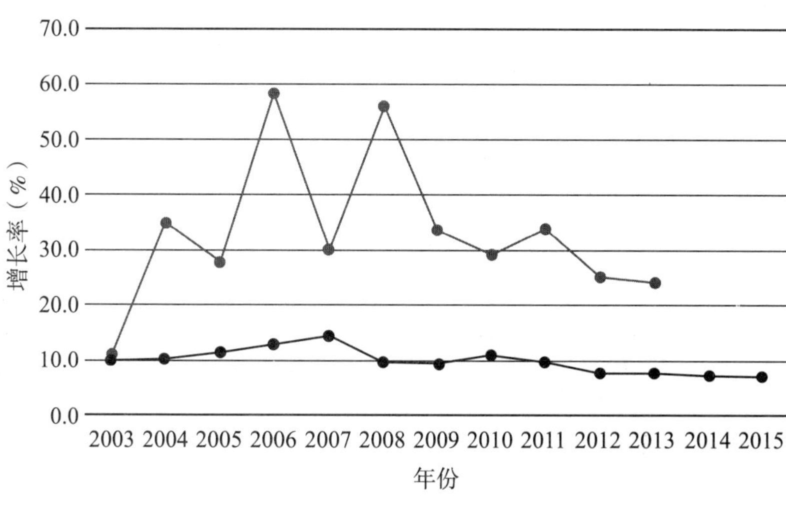

图 3-1 OFDI 与 GDP 增长率情况

表 3-1 中国外向投资与经济增长基本趋势

年份	GDP（亿元）	增长率（%）	OFDI（亿美元）	增长率（%）
2003	136565	10. 0	332	11. 0
2004	160714	10. 1	448	34. 9
2005	185896	11. 3	572	27. 7
2006	217657	12. 7	906. 3	58. 4
2007	268019	14. 2	1179. 1	30. 1
2008	316752	9. 6	1839. 7	56. 0
2009	345629	9. 2	2457. 5	33. 6
2010	408903	10. 6	3172. 1	29. 1
2011	484124	9. 5	4247. 8	33. 9
2012	534123	7. 7	5319. 4	25. 2
2013	588019	7. 7	6604. 8	24. 2
2014	635910	7. 3	—	—
2015	676708	6. 9	—	—

资料来源：GDP 数据源于国家统计局官网数据库，OFDI 数据源于商务部公布的《2013 年度中国对外直接投资统计公报》。

表 3-2　　投资发展周期阶段特征

阶段	本国市场区位优势	FDI 流入量	本国企业所有权和内部化优势	FDI 流出量	净对外直接投资额（NOI）
第一阶段	缺乏区位优势	少量 FDI 流入	缺乏所有权优势	极少 FDI 流出	0 附近
第二阶段	劳动力和资源优势	FDI 流入加快	所有权优势和内部化优势呈现	少量 FDI 流出，并加速	负数增大
第三阶段	从劳动力和资源优势向资本、知识优势发展	FDI 流入增速相对放缓	所有权优势和内部化优势增强	FDI 流出加速	负数减小
第四阶段	资本和知识优势	FDI 流入减速	具备较典型的所有权优势和内部化优势	FDI 流出放大	正数增大
第五阶段	本国区位优势与本国企业所有权优势均成熟：NOI 减少到 0，并围绕 0 附近波动。对外直接投资路径与其发展水平已无明显的相关关系。				

根据邓宁阶段理论，改革开放以来中国国际直接投资的发展阶段与特征如表 3-3 所示。

表 3-3　　中国投资发展阶段

投资阶段	年份	特征
I	1979～1993	引进外国直接投资和对外直接投资的流量、存量均较低，对中国企业的对外直接投资严格审批，最初参与对外直接投资的只有国有企业，且大部分为自然资源导向型投资，并由国家直接控制。随着 80 年代中期政府逐渐放开对海外投资的管制，一些中小企业也开始了海外经营的历程，通常是选择在发展中国家的制造部门，而且投资的动机往往是为了规避关税或非关税壁垒
II	1994～2005	FDI 流入速度大于 FDI 流出增长速度，进一步放开了引进外资的限制，给予的税收减免、土地租赁安排等优惠措施，同时期，政府对海外投资的审批程序也逐步放宽，投资更多集中在相邻国家或地区，开始出现寻求市场、效率或者创造性资产的投资动机

续表

投资阶段	年份	特征
Ⅲ	2006 年至今	外国直接投资的增速有所减缓并转变了投资领域，对外直接投资将不断增长投资主体的结构得到进一步优化，即民营企业的力量有所上升，在经济全球化的背景下，中国企业将更倾向于参与国际经营，并更多通过并购或技术合作等方式选择发达国家进行资产增加型投资

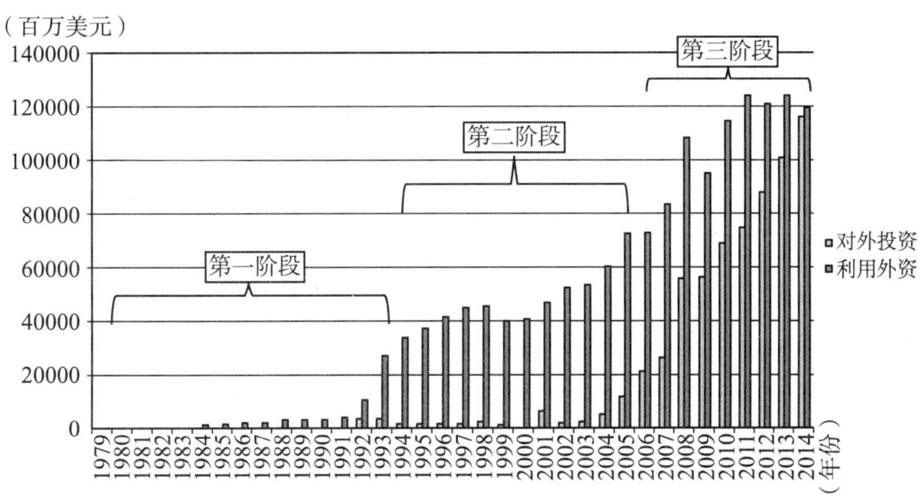

图 3－2　中国投资的发展阶段

从 2001 年底中国加入 WTO 时，对外投资仅有 20 多亿美元，到 2014 年中国境外投资在短短 12 年间增长了近 40 倍，成为资本输出大国，且我国利用投资与对外投资的比例日趋接近于 1。中国投资流量的变化如表 3－4 和图 3－3 所示。

表 3－4　　我国历年外国直接投资和对外直接投资流量　　单位：百万美元

年份	对外投资	利用外资	利用/对外
2001	6885. 398	46877. 59	6. 81
2002	2518. 407	52742. 86	20. 94
2003	2854. 65	53504. 7	18. 74
2004	5497. 99	60630	11. 03
2005	12261. 17	72406	5. 91

续表

年份	对外投资	利用外资	利用/对外
2006	21160	72715	3. 44
2007	26510	83521	3. 15
2008	55910	108312	1. 94
2009	56530	95000	1. 68
2010	68811	114734	1. 67
2011	74654	123985	1. 66
2012	87804	121080	1. 38
2013	101000	123911	1. 23
2014	116000	119560	1. 03

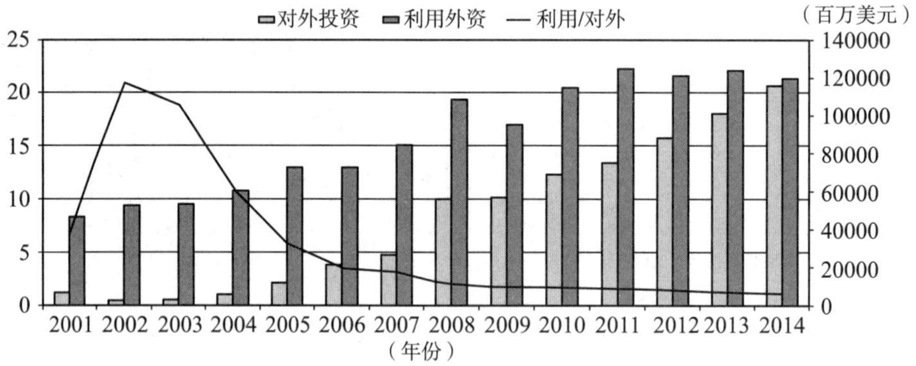

图 3－3　我国历年外国直接投资和对外直接投资流量

二、中国企业“走出去”的基本特征

2013 年和 2014 年中国对外直接投资流量已连续两年居世界第三。资本输出加速，成为中国对外投资新常态。中国对外投资呈现出四大特征：

第一，中国正在改变对外投资主要集中在不发达地区的现状，把投资目光更多地转向了相对发达国家。商务部的数据显示，2014 年中国对发达国家投资增长较快，其中对美国投资增长了 23. 9%，对欧盟投资增长了 1. 7 倍。就目前来看，北美、西欧等成熟市场依然是中资海外并购的目标聚集地。中国投资者对欧美市场的信心不断加强，欧元区正逐渐摆脱衰退，开始正增长，在此时收购欧洲公司，可以用较为低廉的价格获得欧洲的先进技术、管理经验以及市场覆盖。

第二，对外投资的行业领域有所改变。中国企业走出去最初为获得稀缺资源和能源，如澳大利亚、秘鲁的铁矿，肯尼亚的铜矿等，而现在中国企业在海外不仅投资资源、能源行业，还将资金投向制造业、农业、文化产业等行业，甚至是需要金额巨大的基础设施领域。商务部的数据显示，2014 年中国对外投资中，对服务业投资增长 27.1%，占比提高到 64.6%。在中资海外并购涉及的行业中，TMT（高科技、电信等行业）、能源矿产和不动产行业居前三位。中国企业当前更多的专注于 TMT 行业，并积极在欧美等成熟市场寻找优质并购目标，将海外的技术、知识产权、品牌引入中国。

第三，非国有资本对外投资超过国有资本。中国对外投资中，最初是由国企主导的，但近年来，中国民营企业在对外直接投资上表现积极，民营企业在对外直接投资流量的占比不断增加，在中外并购史上留下靓丽身影，如吉利收购沃尔沃汽车、复星收购葡萄牙最大保险集团 Caixa Seguros、万达并购全球第二大院线集团美国 AMC 影院公司等等。商务部统计显示，2014 年中国对外投资总额中，非国有企业投资占到了 56%。

第四，"一带一路"正成为中国资本对外投资主要推动力。2013 年中国领导人提出"一带一路"战略构想，中国发起设立亚投行和丝路基金，为"一带一路"沿线国家的基础设施、资源开发、产业合作和金融合作等与互联互通有关的项目提供投融资支持。习近平主席在 2014 年 APEC 工商领导人峰会上表示，未来 10 年中国对外投资将达到 1.25 万亿美元。这意味着未来 10 年中国对外直接投资在 2014 年基础上将增长近三倍。对那些有意进一步开拓海外市场的中国企业而言，这无疑是难得的机遇。另外，其他自贸区谈判获得突破性进展，如中美、中欧投资协定谈判继续深入磋商，2014 年 11 月中韩、中澳自由贸易协定结束实质性谈判，亚太经合组织会议启动和推进亚太自贸区（FTAAP）进程，中美就世界贸易组织 WTO 框架下信息技术协议 ITA 的扩容谈判取得突破进展等。

三、"引进来"与"走出去"的现实困境

（一）"引进来"的主要困境

1. "引进来"的法律法规不完善

法制环境是投资环境中的重要因素，因为构成投资环境的许多条件和因素

最终是通过一定的法律制度而完成其作用和效力的。中国引进外资的立法体系不完善主要体现在：一是具有明显的滞后性。主要表现为立法高度与经济发展形势不相适应，有关引资方面的新措施同现行法律规定相冲突。二是法律法规内容僵化，难以适应社会的变动，有些利用外商投资的法律内容解释过于宽泛，在实际操作和运用的过程中容易产生歧义现象。

2. 各地“引进来”政策不协调，引资绩效低下

中国“引进来”具有浓厚的行政色彩，许多地方政府不顾本地区经济发展的实际情况，追求行政效益高于追求市场效益，将“引进来”作为增强政绩的重要手段，各地竞相出台优惠政策，积极争抢外资进入，最终导致以下不利结果：一是重数量轻质量，重引进轻管理的思想严重影响了“引进来”质量的提升；二是优惠政策滥用，使内外资企业在竞争中的地位不平等；三是“以市场换技术”政策实施中问题凸显，由于“引进来”方面急于求成，导致了出让市场而没能得到先进技术。

3. “引进来”的地区和产业布局不合理

由于受到我国对外开放的渐进性、跨国公司在华投资战略布局以及我国各地区对外资吸引力的差异等因素的影响，外商在华直接投资地区分布呈现“东高西低”的基本格局。从东部地区看，外商投资企业主要选择在长三角、珠三角和环渤海地区落户，其中在山东省以韩国投资居多，在辽宁省以日本投资居多，在上海市以美国投资居多。由于外商直接投资高度集中于我国东部地区，在一定程度上扩大了东部与中西部地区经济发展的差距，制约了中西部地区自然资源优势和劳动力成本优势的发挥，对我国区域经济的均衡发展产生了负面影响。

从外商直接投资的产业结构看，外商直接投资主要集中在第二产业，特别是制造业部门，而对本来就落后的第一产业投资比重很低。第三产业的外商投资比重虽然高于第一产业，但却远低于第二产业的投资水平，这与目前以第三产业为主导的国际投资潮流不相吻合。

4. “引进来”的政策与监管体制不完善

从目前情况看，我国利用外商直接投资的政策法规和监管制度仍然存在一些缺陷，主要表现在以下几方面：一是“引进来”的优惠政策不尽合理，导致中外企业不平等竞争；二是外资利用我国监管上的漏洞，有意“制造”亏损以规避税收；三是外资利用我国评估制度上的缺陷，低价收购国有企业资产；四是有的外资企业在华行贿，企图通过非法手段谋求高额回报。

（二）“走出去”的主要困境

1. “走出去”主体结构和产业结构不合理

第一，“走出去”主体以国企为主、私企为辅。在我国进行非金融类对外直接投资的所有境内投资者中，就企业数量而论，国有企业所占比重连年降低，从2003年的43.0%下降到2013年的15%，降幅接近2/3。在投资存量上所占的比重，仍然高达58.7%。值得关注的是，国有企业的让出，却并没有使私营企业相应地增加更多的份额。在企业数量上，私营企业一直维持在10%上下徘徊；在投资存量上，到2014年年底也只有的1%。另据商务部统计，截至2014年底，国资委监管的136家中央企业中，共有117家发生了对外直接投资活动，占中央企业总数的86%。2014年年末中央企业在全球127个国家（地区）共设立对外直接投资企业1791家，当年对外直接投资流量357.4亿美元，占我国对外直接投资当年总流量的64%；年末累计对外直接投资达到1165亿美元，占我国对外直接投资存量的63.3%。

第二，中国“走出去”主要集中于服务业和资源型行业，而对制造业和高科技行业的投资不足。据商务部《对外直接投资统计公报》显示，2014年对外直接投资涉及租赁和商务服务业、采矿业、批发和零售业、建筑业、制造业、房地产业、交通运输、仓储和邮政业等15大类，其中租赁和商务服务业372.5亿美元，采矿业193.3亿美元，批发零售业172.7亿美元，上述3个行业成为对外直接投资的主要领域。

2. “走出去”方式单一

我国对外直接投资企业的设立方式有两种：一种是新建方式，另一种是并购方式。从这两种设立方式的构成来看，新建方式比重很大，占主导地位，并购方式比重偏小，占次要地位。据资料显示，中国在对外直接投资进入方式上，新建方式一般占80%，并购方式只占20%。但是，随着我国海外投资规模的日趋扩大，并购出现上升势头。特别是在进入2008年后，中国企业的跨国并购交易额迅速上升，在当年中国对外直接投资总额中占49.0%。并且，中国企业的跨国并购在世界跨国并购市场上所占份额已超出了中国对外直接投资占据世界对外直接投资市场的份额，在发展中国家并购交易中所占份额突出。

3. 企业国际化战略服务体系不完善

中国企业“走出去”面临着两个方面的阻力：投资过程中的阻力和海外经营的阻力，在“走出去”过程中，由于要经过国外政府的审批，因此，受到来自政府部门、行业协会的阻力较为明显。而在海外经营过程中受到的阻力，则主要来自民众认知和公司经营层面。尽管我国“走出去”管理体制在提供信息服务上起到了非常重要的作用。但是，目前该体制仍不足以满足企业“走出去”的需求，主要体现为以下三个方面：一是政府部门的驻外机构服务功能不强，各地经济商务室仍然有很强的行政职能，在“走出去”企业年检中起到了评分的作用。二是目前商务部驻外经济商务室服务能力受限，进行信息服务是经济商务室力所能及的，但是“解决争端，维护企业利益”或类似的功能，仅凭经济商务室现在的人员和级别，难以实现。三是企业的需求多样化、专业化超出了政府机构的职能，像开展经贸活动，“搭建合作平台”，“项目对接服务”，这些都应当由准政府或者是完全商业机构来运作。

4. “走出去”管理的法律法规体系不健全

伴随着我国的对外直接投资不断深入发展，我国政府逐步加强政策与法制管理的建设，政府各职能部门颁布了多项政策制度、缔结了多项投资和税收协定的双边或多边条约。然而，截至目前，政府相关部门出台的政策与法制管理仍不健全，缺少一部较为系统、完整的中国对外直接投资法。

放眼全球，世界的许多国家普遍都有结合本国外资发展情况的系统、完整的《对外直接投资法》，便于该国政府更为有效、规范地保护国内企业进行海外投资，同时增强该国“走出去”企业的国际竞争力。通过借鉴其他国家的宝贵经验，中国政府的当务之急就是亟须尽快建立起一系列真正符合中国国情的、适应于目前全球投资环境特点的、正确引导中国对外直接投资企业的政策法规。

5. “走出去”管理体制面临诸多挑战

在过去的20年，尤其是近5年以来，中国“走出去”管理体制取得了长足的进展，尽管如此，由于我国的“走出去”仍然处于起步阶段，加上我国资本项目开放仍然处于试验阶段，所以在“走出去”管理体制上，仍然存在诸多挑战，其中，行政审批体制问题最为突出，这主要体现为：（1）“走出去”审批过于复杂。中国企业“走出去”，最少要经过三个部门的审批，如果是国有企业、保险公司，还要多一些；（2）审批期限过长、不透明。在目前各部门出台的“走出去”管理法规中，商务部的《境外投资管理办法》、发展和改革委员会的《境外投资项目核准暂行管理办法》和国家外汇管理局的《境内机构境外直接投资外汇管理规定》，只有前两者有明确的期限，其他规定均未给出明确期限；（3）审批标准不明确、不透明。在各个部委出台的“走出去”管理法规中，都明确了不予审批的情况，但是，在多个法规中，都出现了“其他不予审批的情况”。

（三）企业从对外贸易向投资发展面临主要问题

第一，国内经济形势严峻，国经济正处在从高速到中高速的增长速度换挡期、结构调整阵痛期和前期刺激政策消化期的“三期叠加”阶段，同时国际收支自主平衡的能力不足，尚未形成促进国际收支平衡的长效机制导致中国企业“走出去”的部分优势逐渐消失。

第二，企业处于全球产业链低端，中国企业的发展得益于嵌入跨国公司全球产业链低端环节，与跨国公司巨头尚无法展开全面竞争，以纺织品为例75%的附加值来自于研发设计分销和零售部门，仅有25%的附加值源自制造和劳动力加工部门。目前中国制造业在设计制造和安装等具备高附加值的环节的水准尚达不到国际标准，在一系列国外招标项目中受到排斥。

第三，企业缺少国际化思维以及融资和营销渠道，境外投资主体和行业的日益多元化，不仅增大了企业投资决策的风险，也导致了企业面临的经营管理风险、市场风险和财务风险随之增大。跨国公司的优势主要体现在其国际化思维、全球生产布局、营销和分销网络以及国际结构性融资渠道等方面。目前，中国的一部分企业尚抱有将中国制造嫁接国外品牌和技术的思维，过于重视稳定和忠诚度，从而忽视公司治理缺乏海外并购的专业知识和先进的国际经营管理经验，缺乏对投资目的地国文化和法律制度的了解，并购后往往放弃原有融资及营销渠道，最终导致不少并购以失败告终。

第四，企业缺乏冲突风险和合规风险防控机制，除一般宏观风险微观风险、交易风险和投资后续风险外，中国企业还面临严峻的冲突风险、合规风险评估和管理的挑战，中国80%以上的海外投资分布在亚非拉发展中国家，其中高冲突国家较多，这种地域分布尤其在资源型投资案例中较明显，同时伴随中国跨国公司的成长合规风险成为中国企业全球化经营面临的最大挑战。企业合规化经营风险管理与防范体系尚待完善。

中国经济进入新常态后，“三期”叠加（经济正处于增长速度换挡期、结构调整阵痛期和前期刺激政策消化期）是当前中国经济的阶段性特征。在此背景下，我国对外开放战略的指导方针要从以单纯 GDP 数字衡量为主向“促民生、调结构、创新驱动”转变。中国对外开放战略政策的演变如表 3 –5 所示。可以发现，中国的对外开放战略已从引进外资为主向引进外资与对外投资协调并重的方向转变。中国正在从资本输入国转变为资本输出国，而且不仅仅是数量的突破，更是质的飞跃，标志着我国正从“商品出口”转向“资本出口”，对外投资成为中国经济增长的重要推动力。目前与上海自贸区成功试验与扩围遥相呼应的中韩、中澳自贸区谈判成功和 2014 年 APEC 北京峰会上发布的《亚太自贸区北京路线图》等显示出中国正在以更积极的态度参与国际经济贸易规则的制定，对国际规则的制定从参与向主导的转变。同时，随着“一带一路”战略的推进，我国对外开放新格局正在形成，开放型经济新体制正在构建。从亚太自贸区到“丝绸之路经济带”和“21 世纪海上丝绸之路”，都预示着中国正在逐步形成以自贸区建设推进的以投资带动的更积极主动的开放态势。政府在加快出台境外投资条例的基础上以市场化、产业化、社会化、国际化为导向，加快构建遍布全球、内外统筹的对外投资服务促进体系，发挥制度和多元距离优势，降低企业风险，培育中国的跨国公司向全球公司转变，培育企业级世界冠军，带动全产业链“走出去”，企业要学习先进跨国公司对外投资经验，重视公司治理，建立冲突风险预警机制、合规风险评估和管理机制，通过向当地跨国公司、国际组织、非营利组织和本地公司学习、借鉴化解冲突经验，做好公关危机处理工作，全面理解合规范畴，研究职业道德、价值观念、企业制度、企业环境和企业形象等各方面内容，做好合规风险评估和管控，建立适应全球价值链的企业经营理念和文化。

改革开放以来，中国“引进来”、“走出去”政策体系由于经济体制、人文环境及外部经济环境等因素的制约，仍存在较多问题，如何突破“引进来”、“走出去”旧体制的束缚，构建“引进来”、“走出去”政策体系是目前较为迫切的问题。如表 3 –5 所示，我国对外开放战略政策是逐步演化的。

表 3－5　2001～2014 年中国对外开放战略政策

年份	对外开放战略
2014	更加积极地促进内需和外需平衡、进口和出口平衡、引进外资和对外投资平衡，逐步实现国际收支基本平衡，构建开放型经济新体制
2013	不断提高对外开放水平。注重制度建设和规则保障，加快推进自贸区谈判，稳步推进投资协定谈判。营造稳定、透明、公平的投资环境，切实保护投资者的合法权益。加强对“走出去”的宏观指导和服务，提供对外投资精准信息，简化对外投资审批程序。推进“丝绸之路经济带”建设，抓紧制定战略规划，加强基础设施互联互通建设。建设“21 世纪海上丝绸之路”，加强海上通道互联互通建设，拉紧相互利益纽带
2012	实施更加积极主动的开放战略，创建新的竞争优势，全面提升开放型经济水平。稳定利用外资规模，扩大对外投资。要继续推进多双边经贸合作，加快实施自由贸易区战略
2011	提高对外开放水平，引导外资到中西部地区投资，扩大服务开放，扩大境外投资合作，积极防范境外投资风险。要深化国际合作，加强同周边国家基础设施的互联互通，反对各种形式的保护主义，妥善处理贸易摩擦，努力改善我国发展的外部环境
2010	坚持互利共赢的开放战略，拓展国际经济合作空间。正确把握国内外发展环境，有效发挥我国在国际经济分工中的比较优势，坚持吸收外资和对外投资并重，努力拓宽国际经济合作途径，不断提高对外开放水平。提高利用外资水平，鼓励外资投向高端制造业、高技术产业、现代服务业、节能环保等领域和中西部地区，积极稳妥扩大金融等服务领域对外开放。要深入实施“走出去”战略，探索新的投资合作方式，注意防范和化解境外投资风险
2009	要坚持开拓国际市场和扩大国内市场并举，坚持“引进来”和“走出去”相结合，拓展对外开放广度和深度，健全开放型经济体系。做好利用外资工作，提高引资质量。要发挥利用外资在推动科技创新、产业升级、区域协调发展等方面的积极作用，坚持以我为主、择优选择，积极稳妥推进服务业开放，促进“引资”与“引智”相结合，引导外资向中西部地区转移和增加投资。大力实施“走出去”战略，拓展经济发展空间。要加强同周边国家的协力共建和优势互补，积极支持有条件的企业对外投资，加快完善境外投资促进体系
2008	扩大对外开放，转变对外经济发展方式，走以质取胜、集约化、多元化的发展路子，提高对外开放水平作为保增长的强大动力

续表

年份	对外开放战略
2007	提高开放型经济水平，开创对外开放新局面。要统筹安排对内对外经济工作，把“引进来”和“走出去”更好结合起来，创新对外开放工作思路，扩大开放领域、优化开放结构、提高开放质量，形成经济全球化条件下参与国际经济合作和竞争新优势。创新利用外资方式，优化利用外资结构。继续实施“走出去”战略，创新对外投资和合作方式。推进实施自由贸易区战略，加强双边多边经贸合作
2006	在保持出口和利用外资合理增长的同时，提高利用外资质量和水平，有效应对服务业扩大开放面临的新情况新问题，增强参与经济全球化和维护国家经济安全的能力，促进对外经济工作迈上新台阶。以引进先进技术、先进管理和海外智力为重点，提高利用外资质量。继续实施“走出去”战略
2005	积极实施互利共赢的开放战略，进一步提高对外开放水平
2004	统筹国内发展和对外开放，增强国际竞争力为适应经济全球化趋势和我国经济持续较快发展的新形势，不断提高对外开放水平，大力提高利用外资质量，以提升自主创新能力为出发点，不断优化利用外资结构，促进产业升级和技术创新。继续实施“走出去”战略，加强同国外的经济技术合作，增强企业的技术和市场开发能力
2003	坚持利用国际有利条件和充分发挥我国优势相结合，坚持扩大引进技术和全面增强自主创新能力相结合，坚持利用外资和大力促进国内产业结构优化升级相结合，坚持实施“走出去”战略和缓解国内短缺资源约束相结合，增强我国经济的整体竞争力，开创对外开放的新局面。从而促进内外资源合理配置、内外市场互为补充
2002	进一步推进改革开放，为发展提供强大动力。继续重视和积极做好对外经济工作，提高利用外资质量
2001	加入世界贸易组织为契机，进一步扩大对外开放，是进一步推进全方位、多层次、宽领域对外开放的重要契机，抓住入世的新机遇，提高利用外资水平

注：根据每年的中央经济工作会议整理。

四、中国对外直接投资发展的动态演变

长期以来我国实施限制“走出去”与鼓励“引进来”战略，这一战略具有合理的逻辑与现实基础。改革开放初期，中国是比较典型的储蓄短缺和外汇短缺同时并存的“双缺口”格局，吸引外资可以同时弥补这两个缺口，而限

制“走出去”可以同时防止这两个缺口扩大。中国的“双缺口”格局在20世纪90年代中后期得到改变，到目前已经完全变成了储蓄过剩和外汇过剩的“双过剩”局面。在“双缺口”基础上形成的鼓励吸引外资和限制“走出去”的逻辑均已经不存在了。2000年以后，中国开始实施“走出去”战略，从限制“走出去”逐渐向放松“走出去”管制和鼓励“走出去”转变。中国“引进来”和“走出去”规模均呈快速增长的态势，截至2014年，我国已经成为全球“引进来”的第一大国和“走出去”的第三大国，显然，中国已成为名副其实的世界资本流动大国。相关研究表明，“引进来”和“走出去”体制是否科学合理是一国“引进来”和“走出去”成败的重要决定因素。

我国“走出去”战略的思想萌芽于邓小平的对外开放思想，并由江泽民提出并上升到国家战略高度，2003年进入加速发展期。在10多年的高速发展过程中，中国政府颁布了一系列法律文件和政策鼓励支持企业“走出去”，从而导致企业参与海外投资过于活跃。

当前我国正在执行的境外投资审批与管理制度是基于2004年下发的《国务院关于投资体制改革的决定》（以下简称《决定》）和2008年颁布的《中华人民共和国外汇管理条例》来确定的。《决定》事实上是将当时境外投资管理采用的审批制向更为宽松的核准制过渡，管理体制相对放宽，并对两个负责境外投资管理的部委（发展改革委和商务部）的职责进行了明确分工。发展改革委主要受理企业境外投资的核准，而商务部则主要针对企业海外设厂的审核。与此同时，外汇管理局通过《外汇管理条例》的修改将强行结售汇制度转向自愿结售汇。事实上，中国相关部门（主要是外汇管理局）对企业海外投资外汇管制的放松并非一蹴而就：最初使用的境外投资外汇管制政策是由国家外汇管理局1989年颁布的《境外投资外汇管理办法》，这套政策非常严苛，直到2003年才进一步放宽。此后，为了进一步加大支持“走出去”战略的力度，与此同时，由于当时中国的储蓄和外汇双缺口情况已经得到改善，因此境外投资管制开始进一步放宽（姚枝仲等，2011）。

从历史来看，结合现有的史实材料，笔者认为中国的对外投资政策发展大致可以分为五个阶段（见表3-6）：

第一阶段（1979～1985年），政策的主要特点为谨慎国际化。由于实行“改革开放”不久，国内对于中国未来走向的问题在当时有着很大的争议。完全放开所有企业的对外投资审批，在当时几乎是不可能的。只有商务部下属的国有外贸企业和国家经贸委下属的省级“经济和技术合作企业”可以参与海外投资，私人企业是不可以参与海外投资的。

第二阶段（1986～1991年），政府态度出现一些转变，开始由谨慎国际化转为鼓励支持。如果企业有雄厚的资本、技术、营运知识以及合适的合作伙伴，政府鼓励其参与海外投资，建立海外分支机构。但事实上，这样的条件基本上也只有国有企业可以达到，因此，私人企业国际化几乎是没有的。

第三阶段（1992～1998年），政策主题有了一些新的特点，扩张和管制并行。受邓小平南方谈话的政策鼓励，在受监管的条件下，地方政府积极推进企业国际化，尤其是在中国香港的房地产和股票投资。然而，1997年金融危机的爆发使中国政府收紧了审批程序，放缓了海外投资发展进程。

第四阶段（1999～2001年），"走出去"战略由酝酿到正式提出。实际上，这一阶段主要体现为政策的矛盾性：一方面，进一步采取措施控制非法资本转移以及规范对外直接投资真正以生产性投资为目的；另一方面，给予特定行业的对外直接投资企业以出口退税、外汇和金融支持，尤其是与贸易相关的海外投资活动，比如原材料、零部件和机电出口，尤其是纺织、机电和电子设备行业。2000年，江泽民同志在全国人大九届三次会议上将"走出去"战略提升至国家战略高度。2001年，"走出去"战略正式以文件形式在第10个五年计划中出现。

第五阶段（2001年至今，后WTO时期），中国在2001年入世后，国内企业不仅面临原有国内市场的竞争者，同时还要面临国外出口企业以及外资企业的竞争压力。基于此，2003年中央政府放开了对私人企业海外投资的审批，允许私人企业进入国际市场参与竞争。11个五年计划重申"走出去"战略的重要性，尽管审批系统的权力下放和流程简化给企业走出去减少了一定的负担，但与此同时，针对非法资本外流和国有资产流失的政策也在进一步规范。2005年以后，中国加大了对"走出去"战略的支持力度，海外投资活动出现大幅增长。

从中国对外投资政策的演变过程来看，总体是朝着从封闭到开放、从偏向国企到全面扶持的方向前进的。但与此同时，中国对外投资政策又是审慎的，一方面是为了防止非法外资和国有资产的流失，另一方面也是出于当前对外投资建设的制度管理体系不健全的考量。

表3－6　　中国对外投资政策的主要发展阶段

政策阶段	时间点	关键词	主要内容
阶段一	1979～1985年	谨慎国际化	只有商务部下属的国有外贸企业和国家经贸委下属的省级"经济和技术合作企业"可以参与海外投资

续表

政策阶段	时间点	关键词	主要内容
阶段二	1986～1991 年	政府鼓励	如果企业有雄厚的资本、技术、营运知识以及合适的合作伙伴，政府鼓励其参与海外投资，建立海外分支机构
阶段三	1992～1998 年	扩张和管制	受邓小平南方谈话的政策鼓励，在受监管的条件下，地方政府积极推进企业国际化，尤其是在中国香港的房地产和股票投资
阶段四	1999～2001 年	“走出去”战略	一方面，进一步采取措施控制非法资本转移以及规范 ODI 真正以生产性投资为目的；另一方面，给予特定行业的 ODI 企业以出口退税、外汇和金融支持，尤其是与贸易相关的 ODI 活动。2001 年，“走出去”战略正式以文件形式在第 10 个五年计划中出现
阶段五	2001 年至今	开放倒逼	中国在 2001 年入世后，一些企业受国内外企业竞争的双重压力被迫去海外寻求市场。重申“走出去”战略的重要性，简政放权给企业“走出去”减负，与此同时，针对非法资本外流和国有资产流失的政策也在进一步规范

注：表格内容根据史实材料及相关文献制作。

五、中国对外直接投资与国内经济的联动

把握我国对外直接投资的发展与国内经济关系能够更好地了解 OFDI 与 IFDI 内在逻辑。我们利用联合国贸发会议 UNCTAD（2002）开发的关于 IFDI 的三个重要指标，对中国 FDI 发展的动态演变过程进行评估。这三个指标包括：IFDI 业绩指数（the UNCTAD Inward FDI Performance Index）、IFDI 潜力指数（the UNCTAD Inward FDI Potential Index）和 OFDI 业绩指数（the UNCTAD Outward FDI Performance Index）。指标的具体内容如下。

IFDI 业绩指数是指一定时期内，一国内向 FDI 占全球内向 FDI 的份额和该国 GDP 占全球 GDP 份额的比值：

$$IND_i = \frac{IFDI_i/IFDI_w}{GDP_i/GDP_w}$$

其中，$IFDI_i$ 和 $IFDI_w$ 分别为 i 国和世界 FDI 流入量，GDP_i 和 GDP_w 分别为 i 国和世界 GDP。该指数反映的是一国是否吸引了与其经济规模相适应的 FDI。若指数等于 1，表明一国吸引的 FDI 相对于其经济规模是一致的；若指数值大于 1，表明一国吸引的 FDI 相对于其经济规模是超水平；否则，是低于经济发展水平的。

IFDI 潜力指数是通过对反映一国经济结构的 12 个变量的得分取平均值得到，其中每一个变量的得分根据如下规则计算：

$$score = \frac{V_i - V_{min}}{V_{max} - V_{min}}$$ ①

在计算得到每个变量的 score 后，计算所有变量的算数平均值，再将平均得分从高到低排名，排名最高的取值为 1，排名最低的取值为 0。

OFDI 业绩指数是指一定时期内，一国外向 FDI 占全球外向 FDI 的份额和该国 GDP 占全球 GDP 份额的比值：

$$OD_i = \frac{OFDI_i / OFDI_w}{GDP_i / GDP_w}$$

其中 $OFDI_i$ 和 $OFDI_w$ 分别为 i 国和世界 FDI 流出量。该指数与内向 FDI 业绩指数类似，反映了一国对外直接投资与其经济规模相适应的程度。若指数等于 1，表明一国外向投资规模相对于其经济规模是相适应的；若指数值大于 1，表明一国外向投资规模相对于其经济规模是超水平；否则，是低于经济发展水平的。

表 3－7　　中国 FDI 业绩指数和潜力指数情况

年份	IFDI 业绩指数	IFDI 潜力指数	OFDI 业绩指数
1988～1990	46（1.033）	45（0.176）	36（0.214）
1989～1991	50（1.184）	43（0.179）	39（0.213）
1990～1992	43（2.162）	52（0.196）	35（0.524）

① 考虑到变量的可量化和数据可得性，FDI 潜力指数中的变量不可能将所有重要影响因素囊括在内。并且在 UNCTAD（2002）刚提出该指数时只有 8 个变量，后经过完善，目前包括 12 个变量：（1）人均国内生产总值；（2）过去 10 年国内生产总值的增长率；（3）出口占国内生产总值的份额；（4）每千个居民拥有的平均电话数；（5）商业能源的人均使用情况；（6）研发支出在国内生产总值中的占比；（7）受过高等教育的人数占比；（8）国家风险，包括政治和商业风险；（9）自然资源出口的全球市场份额；（10）汽车和电子产品零部件进口的全球市场份额；（11）服务出口的全球市场份额；（12）内向 FDI 存量的全球份额。

续表

年份	IFDI 业绩指数	IFDI 潜力指数	OFDI 业绩指数
1991 ~ 1993	19（4.672）	56（0.190）	30（0.843）
1992 ~ 1994	9（6.120）	59（0.190）	35（0.776）
1993 ~ 1995	11（5.780）	55（0.212）	39（0.453）
1994 ~ 1996	16（4.677）	45（0.225）	60（0.243）
1995 ~ 1997	20（3.678）	41（0.238）	60（0.200）
1996 ~ 1998	30（2.761）	42（0.251）	61（0.158）
1997 ~ 1999	43（1.806）	42（0.256）	64（0.099）
1998 ~ 2000	51（1.198）	42（0.255）	69（0.055）
1999 ~ 2001	56（1.134）	44（0.255）	60（0.092）
2000 ~ 2002	50（1.331）	39（0.273）	59（0.111）
2001 ~ 2003	37（1.969）	38（0.269）	58（0.150）
2002 ~ 2004	45（2.134）	33（0.289）	72（0.052）
2003 ~ 2005	62（2.020）	30（0.307）	61（0.217）
2004 ~ 2006	75（1.320）	32（0.304）	58（0.244）
2005 ~ 2007	88（0.986）	34[b]	59（0.240）
2006 ~ 2008	91（1.338）[a]	33[b]	（0.269）[c]
2007 ~ 2009	104（1.239）[a]	32[b]	（0.295）[c]
2008 ~ 2010	97（1.469）[a]	30[b]	（0.406）[c]
2009 ~ 2011	83（1.623）[a]	27[b]	（0.368）[c]
2010 ~ 2012	86（1.698）[a]	—	（0.356）[c]

注：UNCTAD 考虑到可能会存在（i）“避税天堂”FDI 流入量与 GDP 严重失衡；（ii）由于资源发现、大型并购或私有化改革，有些经济体出现 FDI 短期大量流入现象；（iii）封闭经济体实行开放政策等原因，指数的计算采用各变量连续 3 年的平均值，并且不考虑将“避税天堂”纳入该排名。括号中为指数值，括号外为排名，资料来源 UNCTAD。

a 括号中的指数值为笔者计算得到，括号外分别为 2006 ~ 2010 年单年排名。

b 潜力指数排名分别为 2005 ~ 2009 年单年排名。

c 指数值为笔者计算得到，没有查到对应年份的排名。

表 3 - 7 给出的是中国在 1988 ~ 2012 年间以 3 年为一个样本考察期的 FDI 业绩指数和潜力指数平均值。其中，2006 ~ 2012 年间的内向 FDI 业绩指数

UNCTAD 只给出排名数据，并无指数值数据，该期间指数值由笔者测算得到；2006～2012 年间的 OFDI 业绩指数 UNCTAD 没有公布排名数据和指数值数据，期间指数值也是由笔者测算得到；2005～2011 年间的 IFDI 潜力指数 UNCTAD 只公布了排名，没有公布指数值，并且 2009～2012 年考察期排名缺省。尽管如此，已有的数据和笔者的测算足以说明中国 FDI 在 1988～2012 年间的动态演变过程，主要演变特征如下。

第一，从 IFDI 业绩指数来看，中国的全球排名从 20 世纪 80 年代末期至 90 年代初期出现过快速的上升，排名从全球 50 左右上升到第 10 左右的排名，指数值也从接近 1 翻了 6 倍，吸引外资的水平出现短暂快速的上升，也就是说在这段时期中国吸引的外资处于超规模水平。然而，从 20 世纪 90 年代中后期以来，吸引外资的水平开始呈现逐步下降趋势。全球排名从 10 左右上升到接近 100 的位置，指数值也从 1991～1998 年间的高水平逐渐向与经济规模相适应的吸引程度回归（但仍大于 1，处于超经济规模水平）。[①] 应该说，当前中国吸引外资的规模适当超出与之相适应的经济规模，但考虑到中国作为发展中国家对于资本积累的强烈需求，适当超经济规模的吸引外资水平仍然是比较健康的。

第二，从 IFDI 潜力指数来看，中国的排名变动趋势呈现逐步上升的趋势，但上升的趋势不是很明显，从 20 世纪 80 年代末的 50 位左右逐步上升到 30 位左右，指数值从低于 0.2（0.176）稳步上升至超过 0.3（0.307）。这说明，中国作为东道国的投资环境在不断改善，吸引外资的潜力在不断提升。结合 IFDI 业绩指数情况，可以发现，中国经过多年的发展，已从 2005 年以前的 IFDI “领头羊”（front-runner）转变为当前的“低于潜力水准经济体”。[②]

第三，从 OFDI 业绩指数来看，1988～1995 年的排名在 40 名左右，1996～2007 年的排名在 60 名左右，2007 年以后并未给出排名。但从笔者测算的指数值来看，相比于 1996～2007 年阶段水平已经翻了一倍。在 2000 年前后，OFDI 业绩指数处于非常低的水平，不足 0.1。然而，在 2005 年商务部放宽私人企业外向投资审批后，外向 FDI 业绩指数出现快速上升势头，已经从

① 朱华（2012）认为 FDI 流入水平的下滑是由于中国吸引外资开始由数量向质量转变，以及国内资本市场的发展导致对外资依赖度下降等原因造成。笔者认为不能仅以此作出判断，需要更为严格的实证支撑。

② UNCTAD（2002）根据一国 IFDI 业绩指数和潜力指数与平均水平值的比较，将进入指数测算和排名经济体划分为四类：第一类为高业绩和高潜力指数经济体（front-runners），第二类为高业绩和低潜力指数经济体（above-potential economies），第三类为低业绩和高潜力指数经济体（below-potential economies）以及第四类低业绩和低潜力指数经济体（under-performers）。

0.2 的水平上升至接近于 0.4 的水平。也就是说，2008 年以来中国对外直接投资出现了快速地增长，这与之前“爆发式”增长的直觉判断是一致的。但也可以发现，仅仅从外向投资规模来看，与发达国家仍然存在非常大的差距，指数水平至今未达 0.5。这也可以反映出，中国当前所拥有的所有权优势和内部化优势仍然很弱。①

① 从主要发达经济体（美国、英国、德国、日本）的 OFDI 业绩指数来看，德国的表现最为稳定，除了在 2002～2005 年有了短暂的非常态下降外，总体来说，长期保持略高于 1 的水平。可见，德国的 OFDI 水平长期保持在与经济规模相适应的水准。日本的波动比较大，在经历了 20 世纪 80 年代末的高 OFDI 投资规模后一路下滑，到了 2000 年以后才有所恢复，但相比于投资高潮时期，OFDI 表现显然要逊色很多。英国的 OFDI 业绩指数是主要发达经济体里最高的，长期保持在 2 以上的相对规模，在 2000 年左右的鼎盛时期，曾经超过 4。这与英国作为国际金融中心的国际地位以及英国的制造业逐渐被美国和德国等发达经济体赶超可能有一定关系。美国 OFDI 的相对规模其实并不大，只有在 20 世纪 90 年代中期有过短暂的超过 1 的相对规模，在经历了 20 世纪 90 年代末期的全球并购浪潮之后，相对规模开始呈下降趋势，并稳定在 0.5～0.7 的水平区间。

第四章

中国企业外向投资的结构性分析

2005 年商务部放宽私人企业的海外投资以前，中国参与外向投资的企业主要是国有企业，这种状况虽然在交易数量上来看有了很大的改变，但从交易额来看，国有企业仍然是中国海外投资的主力军。[①] 然而，传统理论观点普遍认为，国有企业由于（1）身兼政府赋予的稳定社会、保障就业等多重职能（multi-task）（Bai et al.，2006），以及可能存在的地缘政治（Buckley et al.，2007）、寻求资源储备和技术扩散（Cheung and Qian，2008；Huang & Wang，2011；Kowalski et al.，2013）等政府战略目标，其经营行为并非以利润最大化为目标；并且（2）在资金方面受政府支持，享有“软预算约束”福利，从而影响了企业的激励机制（Bai and Wang，1998；Ghosh and Whalley，2008）；以及（3）管理者政府委任制度以及管理者的寻租行为导致国有企业管理水平的下降和国有资产的流失（Bai et al.，1999）等一些因素的影响，国有企业的经济绩效并没有私人企业和外资企业的高。因此，有必要以企业所有制为切入点，进一步对企业海外投资进行结构性分析，搞清楚不同所有制海外投资企业在绩效水平、地区分布、行业分布和投资目的经济体的选择上有何差异。

一、对外投资与企业所有权结构

基于上述思考，我们首先将 OFDI 从企业所有权结构维度展开剖析。试图搞清楚两个不同层次的问题：第一，是不是真的如直觉逻辑上所分析的那样，

① 后文的研究数据中可以发现，从 2006 年开始，私人企业的海外投资交易笔数出现“跳跃式”增长，是国有企业海外投资交易数的数倍以上。然而，国有企业海外投资交易额，截至 2013 年末仍占有四成以上比重。

参与 OFDI 的国有企业相比于参与 OFDI 的非国有企业（私人企业、外资企业）具有更差的绩效表现？第二，国有企业行政级别的高低是否对其经济绩效产生重要影响？[①] 第一个问题是不同所有制企业间的比较，第二个问题则是国有企业内部的比较。

（一）不同所有制企业的绩效比较

在进一步深入分析之前，首先需要对企业按所有权结构进行定义和分类，我们将根据工业企业数据库中的企业控股情况对企业性质进行重新定义。

表 4－1 给出了中国工业企业数据库中企业控股情况的分类标准和代码。这里，为了分析的方便，将国有控股和集体控股的企业统一定义为国有企业；私人控股企业定义为私人企业；港、澳、台商控股和外商控股企业统一定义为外资企业。[②]

表 4－1　企业控股情况分类标准及代码

控股情况	代码
国有控股	1
集体控股	2
私人控股	3
港、澳、台商控股	4
外商控股	5
其他	9

注：企业控股情况分类标准及代码来源于工业企业数据库的附加说明。

---

① 中国 20 世纪 80 年代实行了对外开放和经济改革，1994 年又进行意义深大的国企改革。在 1978～1993 年间，城市国企就业人数占比已从 75% 下降到 60%，农村国企就业人数（含农业部门）占比更是从 60% 下降到 30%。与此同时，国企的工业产出份额由 78% 下降至 43%，但没有关闭过国有企业。除了少数合资企业和合作企业，中国的企业主要分为三类：国有企业（SOEs）、集体企业（包括城市集体企业和农村集体企业，后者也称为乡镇企业（township-village enterprises，TVEs））、私营企业（包括外国企业）。前两者又称为公共所有制企业（public-ownership enterprises），后两者称为非国有企业（non-state-ownership enterprises）。国有企业为中央政府所有，但由中央、省（包括副省级城市 the three provincial-level cities，又称计划单列市）、市、县政府共同管理，乡镇和村不参与管理国有企业。并把省、市、县政府称为地方政府。（Bai et al.，1999）

② 以国有控股为例，它包括：（1）在企业的全部实收资本中，国有经济成分的出资人拥有股本占全部股本的 50% 以上的绝对控股；（2）股权比例未达 50%，但相对大于其他任何一方经济成分的出资人；（3）尽管国有经济成分占总股本中的比重没有其他经济成分高，但实际上国有出资人根据合同拥有对企业的实际控制权。其他控股情况与国有控股类同，不再一一赘述。

我们兼并的样本数据中2005年的私人企业海外投资只有4笔，外资企业也只有3笔，主要原因是商务部2005年刚放开对私人企业的外向投资审批，因此2005年以前国有企业确实一直是中国OFDI的主力军。商务部放宽中国企业海外投资审批后，国有企业海外交易数出现大幅增长，私人企业和外资企业的外向投资更是出现跳跃式增长，尤其是私人企业海外交易，大大超过了国有企业海外投资交易数。

表4－2尽管从投资金额来看，国有企业仍占主导，但非国有企业海外投资的发展速度远超国有企业。截至2013年末，国有企业非金融类OFDI已经下降当年非金融类总投资额的四成多，并且这种趋势仍在持续发展。[①] 由此看来，直觉上国有企业是OFDI主力军的逻辑并不能得到充分支持，并且国有企业的这种主导趋势正在不断被弱化。

表4－2　　2005～2007年不同所有制企业海外投资情况

年份	国有企业	私人企业	外资企业	总数
2005	71	4	3	78
2006	116	654	155	925
2007	113	673	174	960
总数	300	1331	332	—

注：由于该样本使用的是商务部OFDI数据库和工业企业数据库匹配并处理过的样本数据，因此，相比于原始的商务部OFDI数据库企业数要少一些。表中数据给出的是不同所有制企业在2005～2007年间海外交易笔数。

在考察了不同所有制企业海外投资交易的基本情况之后，我们进一步对不同所有制OFDI企业的经济绩效情况进行考察。

表4－3给出了样本期不同所有制企业的绩效表现，让我们感到意外的是，这些参与OFDI的国有企业的绩效表现并不像我们直觉上所想的那样糟糕，从数据来看反而比私人企业和外资企业要更为优秀。尤其是全要素生产率、劳动生产率以及研发密度，国有企业要比非国有企业好很多。国有企业的全要素生产率水平达到8.9，大大超出全部OFDI企业的平均水平；私人企业的全要素生产率水平反而是最低的，只有7.704；外资企业的全要素生产率水平也只有7.824，未达平均水平。国有企业的劳动生产率水平也显著高于私人企业和外资企业。

---

① 根据中华人民共和国商务部公布的《2013年度中国对外直接投资统计公报》数据，2013年全年中国非金融类对外直接投资927.4亿美元，其中国有企业占43.9%。

值得注意的是，国有企业在研发方面的投入非常高，达到0.0183，这个研发投入水平要比非国有企业要高出4倍以上。然而，国有企业的资产回报率只有国非国有企业的一半左右，只有4.3%。我们结合上述四项指标来看，其中的逻辑会更为清晰。国有企业不管在资金、资源、平台、人力资本等各方面都具有绝对优势，政府的政策偏向和“软预算约束”优势使得国有企业在研发投入上相对于非国有企业具有绝对优势。这种“重金打造”的研发优势必然带来更多的创新和技术进步，因此，国有企业的全要素生产率大大高于非国有企业逻辑上就讲得通了。再者，国有企业的劳动生产率也是很高的。那么，利润水平相对较低的原因可能就出现在国有企业的资本回报率。资本回报率低背后的故事可能与企业管理和腐败等因素有关，这一点的论证不是本书的主题，不再展开论述。① 此外，直觉上国有企业技术创新的内部化可能做得并不好，技术的外部溢出给私人企业等非国企带来“搭便车”的后发优势。② 这也是国有企业具有较高的生产率水平但利润率只有非国有企业一半的主要原因之一。

最后，从出口密度来看，非国有企业是国有企业的2倍以上，这主要跟私人企业海外投资最为活跃的浙江民企出口密度高有关（主要是加工贸易）。③ 而我们知道，加工贸易企业一方面处于制造业的低端，另一方面其所处行业的竞争性很强，生产率水平非常低，因此这也可以解释为什么私人企业的生产率水平要比国有企业低得多。

表4-3　　不同所有制OFDI企业的绩效表现

绩效指标	国有企业	私人企业	外资企业	全部企业
全要素生产率	8.9000	7.7040	7.8240	7.8320
劳动生产率	1013.0000	660.1000	567.6000	654.2000
资产回报率	0.0430	0.0895	0.0853	0.0811
出口密度	0.1820	0.4000	0.5810	0.4110
研发密度	0.0183	0.0058	0.0048	0.0067

注：全要素生产率是基于LP方法进行的测算。

① 我们发现国有企业的管理费用和财务费用高于非国有企业，这一方面可能与企业规模有关，但也不排除企业通过这些会计项目导致的腐败损失。国有企业资产回报率低的问题涉及国有资产利用效率低的话题，关于这方面的论证可以作为后续进一步研究的方向。

② 技术外部溢出往往通过腐败、国企技术骨干的下海、无形资产流失等途径输出。

③ 在接下来OFDI的地区分布考察中，我们会发现在企业海外投资交易中，浙江企业的海外投资占据了很大比重，并且主要是私人企业的海外投资。而浙江作为港口城市，私人企业大多从事贸易（主要是加工贸易），因此浙江OFDI私企直接抬高了全部私人企业的平均出口密度水平。

（二）不同行政级别的国有企业绩效比较

基于上述企业所有权结构的探讨，我们发现国有企业的生产率水平竟然要比私人企业和外资企业明显要高很多，这与国有企业高研发密度有关。研发投入实力与国有企业背后的政策支持和“软预算约束”成正相关关系，然而，现实中不是所有的国有企业都能享受这样的“福利”。逻辑上，行政级别越高的国有企业能够得到更多的政府支持，研发投入实力理论上也更强。换言之，我们可以进一步验证，是不是行政级别越高的国有业其研发投入水平更高，从而生产率水平也更高？

我们进一步将国有企业按工业企业数据库中“隶属关系”变量进行行政级别的重新划分和定义。

表4-4给出了工业企业数据库中关于企业隶属关系的具体划分标准及代码。这里为了方便分析起见，把所有国有企业按照企业隶属关系分为三个不同层级的行政级别：隶属中央的国有企业定义为“中央企业”；隶属省一级水平的国有企业定义为“省级国有企业”；隶属市、地区、县、街道、镇、乡、居民委员会、村民委员会以及其他的定义为“地区及以下国有企业”。

表4-4　企业隶属关系的分类标准及代码

隶属关系	代码
中央	10
省	20
市、地区	40
县	50
街道、镇、乡	60
街道	61
镇	62
乡	63
居民、村民委员会	70
居委会	71
村委会	72
其他	90

注：企业隶属关系的分类标准及代码来源国家统计局的统计标准。

表4－5给出了不同行政级别的OFDI国有企业绩效表现，比较结果进一步佐证了我们之前的逻辑判断：行政级别越高的国有企业，研发投入水平越高，企业生产率水平也越高。具体来看，中央企业的全要素生产率是最高的，达到9.586，显著高于平均水平；省级国有企业的全要素生产率水平较中央企业要低，达9.374，但也高于平均水平；地区及以下国有企业全要素生产率水平只有8.626，与中央企业、省级国有企业存在明显的差距，拉低了平均水平。与之相对应的是它们各自的研发投入水平，中央企业的研发密度达到0.1252，这个研发投入水平是省级国有企业（研发密度为0.1366）的9倍以上，更是地区及以下国有企业的近15倍。从劳动生产率水平来看，不同行政级别国有企业的劳动生产率水平与全要素生产率水平具有一致性。因此，我们结合研发投入水平和生产率水平，再一次验证了前述不同所有制企业绩效比较时的结论。

表4－5　不同行政级别的OFDI国企的绩效表现

绩效指标	中央	省级	地区及以下	全部国企
全要素生产率	9.5860	9.3740	8.6260	8.9000
劳动生产率	1339.6000	1026.6000	676.7800	1013.0000
资产回报率	0.0721	0.0330	0.0394	0.0430
出口密度	0.1602	0.0962	0.2195	0.1820
研发密度	0.1252	0.0137	0.0084	0.0183

注：全要素生产率是基于LP方法进行的测算。

从企业的盈利能力来看，中央企业的资产回报率高达7.21%，这个利润水平接近非国有企业的盈利水平，同时也是省级、地区及以下国有企业盈利水平的2倍左右。可见，中央企业的资本利用效率相对于省级以下国有企业要明显高效。这一点可能跟以下两个原因有关：第一，中央企业这些年已经陆续利用资本市场（主要是股市）实现部分或整体上市，通过现代企业制度提升企业的公司治理，从而提高了企业的资本利用效率；第二，中央企业直接受中央政府监督管理，相比于地方性国有企业，直觉上权力寻租的空间相对要小，由于腐败导致的资本使用效率损失理论上相对更小。

最后，从出口密度来看，地区及以下国有企业的相对中央和省级国有企业要高，达0.2195，显著高于平均水平。省级国有企业的出口密度不及0.1，中央企业的出口密度为0.1602，接近平均水平。然而，并无明显迹象表明企业出口密度与行政级别有何必然联系。

二、对外投资与企业地区结构分布

在中国当前分权式威权制（许成钢和吴素萍，2012）下，不仅中央与地方存在博弈和竞争，地方之间的“诸侯”博弈和竞争更为激烈。因此，OFDI企业的经济绩效不仅与是否国有企业以及国有企业的行政级别有关，还与企业的地区分布有关。逻辑上，这也很容易理解，因为不同省份的经济发展程度不同，基础设施完善程度有差异，对外开放程度也有差异，甚至是国家政策制度和扶持力度都有差别，这些因素都可能会对 OFDI 企业的经济绩效造成较大的差异化影响。这一部分，我们将从地区分布维度来考察 OFDI 企业的绩效表现，试图搞清楚以下几个问题。第一，从对外投资来源看，中国 OFDI 主要分布在哪些省份和地区。是不是如直觉上判断的那样，东部地区及省份由于经济发展和对外开放程度更高、基础设施更为完善等优势，其海外投资活动更为活跃？第二，从企业绩效表现来看，不同省份和地区的 OFDI 企业绩效水平如何。是不是东部地区及省份相对于中西部地区及省份有着更好的绩效表现？第三，结合企业性质（企业所有制）来看，地区间又存在怎么样的差异？

我们对企业海外投资按省份（除港、澳、台地区）和中东西部进行分类比较。在对不同地区的 OFDI 企业进行绩效比较之前，我们首先需要对省份的中东西部归属进行界定。关于中国东中西部的划分标准详见附录 E，目前关于东中西的划分存在两套标准：国家统计局标准和发展改革委标准。比较发现两者区别并不大，发展改革委的分类标准只是将国家统计局标准的东部省份广西和中部省份内蒙古归入了西部。本书的研究更多地侧重发展改革委的解释，因此选用发展改革委的东中西部分类标准进行比较。

表 4 -6 和表 4 -7 分别给出了 2005 ~2007 年间合并的样本数据库中中国对外投资活动（交易数）的东中西部分布情况和省际分布情况。并且，为了进一步了解不同地区和省份国有企业海外投资活跃度，我们还统计列出了不同地区和省份国有企业海外投资的占比。此外，为了更加直观和清晰地呈现不同地区的海外投资活跃度，本书利用世界银行提供的中国地图数据包，使用 STATA 软件绘制了中国省级地图。① 颜色越深，代表该省份的对外投资活动越

① 关于如何利用世界银行公开数据库绘制中国省级地图，详细资料请参考 stata 官方网站的 FAQ：http：//www. stata. com/support/faqs/graphics/spmap-and-maps/。

多，颜色越浅，则代表该省份海外投资活跃度越低。可以发现：（1）在31个省、自治区和直辖市中海南和西藏并无海外投资活动；[①]（2）东部省份的海外投资活动最为活跃，尤其是浙江，其为海外投资活动最为活跃的省份，投资交易数占东部所有海外投资的一半以上，相比之下，中西部地区和省份的海外投资活跃度明显要低很多，海外投资交易活动不到东部的1/10，这与直觉上的判断是一致的；然而，（3）中西部地区和省份的海外投资活动中国有企业的参与度相对于东部地区和省份（除天津外）要高很多，中西部国企占比的平均水平是东部的4倍左右（东中西部地区海外投资活动的国有企业占比分别为8%、33%和30%），像甘肃、宁夏、山西等省份参与海外投资的企业全是国有企业。

表4-6　中国海外投资的东中西部分布情况

地区	海外投资	国有企业	国企占比
东部地区	2367	183	0.08
中部地区	197	65	0.33
西部地区	171	52	0.30
总计	2735	300	0.11

注：各省、自治区、直辖市的东中西部的归属划分以国家发展和改革委员会的解释为标准，表中数据统计的是海外投资交易笔数。

表4-7　企业外向投资交易的省际分布情况

地区	省份	海外投资	国有企业	国企占比
东部地区（11）	北京	52	14	0.27
	天津	37	20	0.54
	河北	40	7	0.18
	辽宁	63	10	0.16
	上海	51	10	0.20
	江苏	327	23	0.07

① 产生这种现象的原因可能是匹配后OFDI企业数较《名录》有所下降。

续表

地区	省份	海外投资	国有企业	国企占比
东部地区（11）	浙江	1233	32	0.03
	福建	50	1	0.02
	山东	361	42	0.12
	广东	153	24	0.16
	海南	0	0	0
中部地区（8）	黑龙江	25	9	0.36
	吉林	35	7	0.20
	山西	3	3	1.00
	安徽	21	6	0.29
	江西	18	5	0.28
	河南	38	15	0.39
	湖北	13	3	0.23
	湖南	44	17	0.39
西部地区（12）	内蒙古	18	8	0.44
	广西	14	9	0.64
	重庆	45	3	0.07
	四川	31	3	0.10
	贵州	7	5	0.71
	云南	17	3	0.18
	西藏	0	0	0
	陕西	11	7	0.64
	甘肃	8	8	1.00
	青海	6	3	0.50
	宁夏	3	3	1.00
	新疆	11	0	0

注：各省、自治区、直辖市的东中西部的归属划分以国家发展和改革委员会的解释为标准，表中数据统计的是海外投资交易笔数。

表 4-8　东中西部 OFDI 企业绩效表现比较

地区	lntfp	LP	Return	Export	R&D
东部地区	7.798	669.91	0.0841	0.4511	0.0067
中部地区	7.745	493.30	0.0583	0.2056	0.0049
西部地区	8.403	622.83	0.0658	0.0894	0.0085
总体平均	7.832	654.24	0.0811	0.4108	0.0067

注：全要素生产率是基于 LP 方法进行的测算。

表 4-9　各省份 OFDI 企业绩效表现比较

地区	省份	lntfp	LP	Return	Export	R&D
东部地区	北京	8.765	4400.90	0.0763	0.2270	0.0721
	天津	8.492	2923.90	0.0499	0.2535	0.0086
	河北	7.656	365.06	0.0927	0.1235	0.0025
	辽宁	8.222	900.18	0.0585	0.2386	0.0029
	上海	7.832	737.14	0.0700	0.2791	0.0040
	江苏	8.136	783.16	0.0763	0.3100	0.0070
	浙江	7.500	387.50	0.0641	0.5737	0.0046
	福建	7.667	469.10	0.1884	0.4111	0.0029
	山东	7.827	680.50	0.1631	0.3183	0.0034
	广东	8.805	893.30	0.0657	0.4464	0.0131
中部地区	黑龙江	7.369	193.39	-0.0038	0.2757	0.0039
	吉林	6.983	292.76	0.0364	0.2097	0.0013
	山西	10.778	106.15	0.0099	0.3841	0.0006
	安徽	8.238	816.41	0.0293	0.1631	0.0069
	江西	7.444	346.89	0.0842	0.1450	0.0045
	河南	7.944	740.99	0.0628	0.1483	0.0061
	湖北	7.881	401.04	0.0286	0.0858	0.0007
	湖南	8.032	568.65	0.1225	0.2805	0.0081
西部地区	内蒙古	9.233	883.79	0.0772	0.0949	0.0056
	广西	8.493	1199.55	0.1517	0.0964	0.0101
	重庆	7.765	367.46	0.0643	0.1008	0.0076

续表

地区	省份	lntfp	LP	Return	Export	R&D
西部地区	四川	8.448	816.22	0.0692	0.1542	0.0128
	贵州	8.532	246.81	0.1146	0.0002	0.0213
	云南	8.375	565.25	0.0127	0.0756	0.0061
	陕西	8.636	355.89	0.0283	0.0816	0.0067
	甘肃	9.989	629.42	0.0736	0.0611	0.0074
	青海	8.731	541.67	0.0653	0.0282	0.0061
	宁夏	7.135	84.15	0.0346	0.0000	0.0000
	新疆	8.150	743.08	0.0267	0.0066	0.0057

注：全要素生产率是基于 LP 方法进行的测算。

三、外向投资企业的行业分布

（一）OFDI 的行业分布

在分析外向投资的地区分布时，我们发现有些省份的海外投资企业数很少，并且基本集中于某一个行业，虽然研发投入不多，却具有很高的全要素生产率。如山西，参与海外投资的主要是国有企业——大同煤业，劳动生产率和资产回报率都很低，研发密度也很低，出口密度较高。因此，如果分地区和省份来看，OFDI 企业的行业分布成为企业绩效表现的差异重要决定因素。并且，从直觉上判断，国有企业通常处于关系到国家经济命脉的垄断性行业，如石油、电力、医药等行业。而非国有企业往往处于竞争性非常强的行业，如纺织服装、电子元件等行业，这些行业的技术相对比较成熟，生产率水平也相对要低。基于此，我们要在搞清楚两个方面的问题：第一，海外投资企业（鉴于数据限制，这里主要分析制造业）的行业分布如何；第二，国有企业和非国有企业在参与海外投资的行业选择上有何差异。

这里，我们按照工业企业数据库中的行业分类变量（四位码）对 OFDI 企业进行行业分布的统计分析。由于本文使用的分析数据是工业企业和商务部合并后的数据，因此并没有将服务行业囊括在内，主要为制造业，更为全面的行业分布研究可作为今后海外投资行业分布的一个后续研究方向。

表4-10给出了全部海外投资活动最为活跃的前15个行业以及这15个行业的平均绩效水平。可以发现，排名前四位的全为纺织服装制造行业，这些行业的海外投资企业具有非常高的出口密度，其中，皮革纺织制造业和针织或钩针编织物制造的出口密度均达到了0.8以上。但与此同时，这些行业的研发投入相对较小，远低于平均水平。因为这些行业属于技术相对成熟的竞争性行业，研发投入水平低其实并不意外，因此全要素生产率和劳动生产率水平也相对较低。

从总体来看，一般来说，研发密度较高的行业，如汽车车身、挂车制造（0.0092）、中药饮片加工（0.0129）等，其全要素生产率水平也相对较高；研发密度较低的行业，如蔬菜、水果和坚果加工（0.0008）、皮革服装制造（0.0003）等，其全要素生产率也相对较低。但也有少数行业，研发投入并不多，但全要生产率水平却非常高，如金属船舶制造。一些行业的从排名靠前的这些行业的资产回报率来看，没有明显的特征。这可能与我们将企业进行所有制分类进行讨论有关。鉴于此，接下来考察不同所有制企业的行业分布有何差异。

表4-10　交易数排名前15行业绩效表现

行业代码	行业名称	lntfp	LP	Return	Export	R&D
1810	机织服装制造	7.459	228.4	0.0552	0.587	0.0021
1711	棉纺织加工	7.810	426.5	0.0416	0.356	0.0015
1921	皮革服装制造	7.358	139.3	0.0834	0.834	0.0003
1761	针织或钩针编织物制造	7.382	241.2	0.0645	0.839	0.0005
3725	城市轨道交通设备制造	7.625	399.9	0.1010	0.408	0.0082
1712	棉织造加工	8.028	651.7	0.0376	0.370	0.0017
4060	仪器仪表制造	7.695	542.3	0.0793	0.418	0.0136
1751	化纤织造加工	7.891	923.7	0.1040	0.446	0.0063
1370	蔬菜、水果和坚果加工	7.017	573.6	0.1890	0.399	0.0008
3030	砖瓦、石材等建筑材料加工	6.724	358.3	0.0879	0.674	0.0055
3731	金属船舶制造	8.465	673.6	0.0734	0.615	0.0031
3082	云母制品制造	7.007	303.6	0.0732	0.571	0.0039
3650	汽车车身、挂车制造	7.953	502.2	0.0530	0.383	0.0092
2730	中药饮片加工	7.957	620.7	0.1890	0.008	0.0129
3732	非金属船舶制造	7.411	263.6	0.0778	0.161	0.0051

注：行业分类标准和代码来源于国家统计局的国民经济行业分类（GB/T 4754-2011）。

（二）不同所有制 OFDI 企业的行业分布

我们基于上述行业分布总体研究的一些疑问，将国有企业和非国有企业的行业分布情况进行对比研究。

表 4 - 11 则给出国有企业和非国有企业海外投资活动最为活跃的前 10 个行业。由于非国有企业海外投资活动占比接近 90%，所以其行业分布与总体表现的统计基本一致。而国有企业的行业分布情况则与非国有企业有很大差异。

从不同所有制企业的行业分布来看，非国有企业主要集中在纺织服装等行业，而国有企业则在金属冶炼、医药制造和基建行业投资更为活跃。从 OFDI 企业的行业分布也可以看出，参与海外投资的非国有企业所处的行业相对于国有企业更具竞争性，且行业技术更为成熟和标准。这也从行业层面支持了国有企业相对于非国有企业具有更高生产率水平的论证。

结合行业的绩效表现来看（见表 4 - 10），总体上，海外投资最为活跃的那些行业，其生产率水平并不高，主要原因为这些行业更多的是由私人企业在参与投资。并且，这些行业的研发投入水平并不高，但出口密度较高。总的来说，从行业分布来看，走出去企业的质量并不高。

表 4 - 11　　不同所有制企业 OFDI 的行业分布（TOP 10）

国企 OFDI		非国企 OFDI	
行业代码	行业名称	行业代码	行业名称
1810	机织服装制造	1810	机织服装制造
3230	稀有稀土金属冶炼	1711	棉纺织加工
3721	城市轨道交通设备制造	1921	皮革服装制造
2720	化学药品制剂制造	1761	针织或钩针编织物制造
0610	烟煤和无烟煤开采洗选	3725	城市轨道交通设备制造
3321	切削工具制造	1712	棉织造加工
2710	化学药品原料药制造	4060	仪器仪表制造
2730	中药饮片加工	1370	蔬菜、水果和坚果加工
1711	棉纺织加工	1751	化纤织造加工
3220	贵金属冶炼	3731	金属船舶制造

注：行业分类标准和代码来源于国家统计局的国民经济行业分类（GB/T 4754 - 2011）。

四、海外投资与目标经济体的全球分布

我们从企业海外投资的目标经济体选择维度来考察中国的外向投资发展情况。投资目的经济体的选择问题背后实际上隐含的是“中国企业海外投资动机是什么”这个问题。黄和王（Huang and Wang，2011）认为，中国的OFDI与发达经济体不同，发达经济体往往积累足够的资本、技术和管理技能才对外投资，而中国OFDI的行业主要是在其不具有比较优势的服务行业，如金融、零售服务等。[①] 中国企业OFDI并不必然表现为追求利润。传统的FDI决定要素（如市场规模、劳工成本和法律环境等）并非其主要考虑的，发达经济体的国际竞争力（技术、品牌、管理技能等）和发展中经济体的资源禀赋是吸引中国对外投资的重要因素。企业OFDI的直接目标是为了增强国内生产的国际竞争力和可持续性。巴克利等（2007）则认为中国的海外投资倾向于政治风险高的经济体，换言之，地缘政治是企业参与海外投资的一个重要考虑。而张和钱（Cheung and Qian，2008）则认为自然资源是中国海外投资的主要目标。

基于此，在这里我们要回答以下两个问题：第一，中国企业海外投资东道国的全球分布到底是怎样的，是资源导向、地缘政治还是技术寻求？是不是真的如有些研究所得到的结论：中国企业海外投资具有政府导向，偏向能源和地缘政治，而不怎么考虑利润。第二，国有企业和非国有企业在投资目的经济体的选择方面是否存在显著差异？逻辑上，国有企业更具政府导向，偏向能源和地缘政治，而非国有企业更注重盈利性。

结合图4-1（中国海外投资主要目的经济体情况）我们可以清楚地发现，中国海外投资的东道主选择主要分为三类：第一类主要是美国、德国、韩国、日本、加拿大、澳大利亚等发达经济体，这类投资目的经济体占比达三成以上；第二类主要是阿拉伯联合酋长国、俄罗斯等能源经济体；第三类主要泰

① Huang and Wang（2011）认为中国的OFDI与发达经济体不同，发达经济体往往积累足够的资本、技术和管理技能才对外投资，而中国OFDI的行业主要是在其不具有比较优势的服务行业，如金融、零售服务等，这是一个非常有意思的经济现象。并对中国企业在经济发展的早期阶段就出现大量OFDI背后原因提供了三个方面的解释。解释一：规模效应。中国是一个大国，即便较小的投资倾向也会有较大的绝对投资规模；解释二：金融抑制。国内的金融抑制政策为SOEs提供了大量的可贷资金，削减其融资成本；解释三：增加国内生产竞争力的需要。通过OFDI获得先进技术、品牌名、管理技能、原材料的稳定供应等。

国、越南、印度等邻近经济体和尼日利亚、南非等非洲经济体。显然，这三类投资目的经济体背后代表了中国海外投资的三方面不同诉求，第一类发达经济体为技术寻求动机，第二类为能源导向动机，第三类为地缘政治导向动机。但从交易活跃度排名前20的投资目的经济体来看，最为活跃的主要还是发达经济体，因此从这个角度来看，认为“中国海外投资的主要目标为能源和地缘政治”这样的观点是站不住脚的。

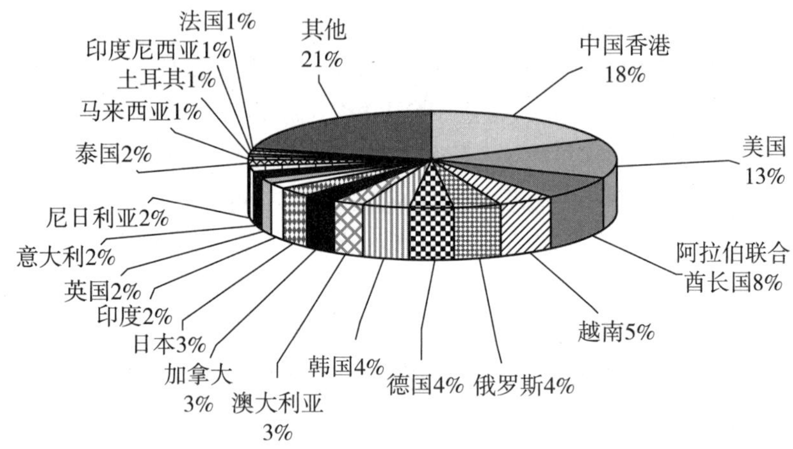

图4-1 中国企业海外投资目的经济体的全球分布

“国有企业和非国有企业在投资目的经济体的选择方面是否存在显著差异”。

表4-12给出国有企业和非国有企业海外投资活跃度排名前15的投资目的经济体。可以发现，非国有企业主要侧重于选择发达经济体和能源相邻经济体作为东道主，而国有企业的选择则更为均衡一些，在寻求技术和能源的同时，也会考虑到地缘政治因素，比如也注重蒙古国、印度等相邻经济体的投资。①

① Buckley et al.（2007）认为国有企业对外投资不是以利润最大化为目标的，或者说利润最大化受制于政府政策的影响。中国在发展中国家的对外投资不断加大，尤其是那些与中国政治关系复杂的国家，说明中国ODI背后可能存在地缘政治的驱动。在他们的研究样本期，中国OFDI不是以寻求知识技术方面的所有权优势为主要目标。与此同时，OFDI促进出口，进口则与OFDI负相关（这可能是中国企业将工厂设在海外，这减少了将中间品进口至国内进行组装后再出口的活动）。并且，文化相似度越高，越能减少交易成本。

表 4－12　按企业性质分类的外向投资目的经济体分布（TOP 15）

非国企 OFDI			国企 OFDI		
投资目的经济体	交易笔数	占比（%）	投资目的经济体	交易笔数	占比（%）
中国香港地区	158	17.46	中国香港地区	28	23.14
美国	119	13.15	美国	17	14.05
阿拉伯联合酋长国	78	8.62	德国	8	6.61
越南	45	4.97	俄罗斯	7	5.79
俄罗斯	39	4.31	澳大利亚	4	3.31
韩国	39	4.31	菲律宾	4	3.31
德国	37	4.09	日本	4	3.31
澳大利亚	28	3.09	印度尼西亚	4	3.31
加拿大	27	2.98	阿拉伯联合酋长国	3	2.48
日本	23	2.54	蒙古国	3	2.48
印度	22	2.43	土耳其	3	2.48
英国	20	2.21	印度	3	2.48
意大利	17	1.88	巴基斯坦	2	1.65
尼日利亚	15	1.66	加拿大	2	1.65
泰国	15	1.66	津巴布韦	2	1.65

第五章

中国企业境外投资与境内转型的多重困境分析

一、问题与逻辑

大国产业转型、升级过程与本土产业发展、避免母国产业“空心化”之间的关系处理，实质即为大国的产业国际化与本土产业发展的关系处理问题，此问题处理是否得当，远期看来，对大国自身实现产业升级、经济长期可持续发展、避免母国“未富先空”、迈出“中等收入陷阱”、摆脱“资源诅咒”直至步入发达、文明社会、公民社会行列等等方面都有着深远影响。中期看来，对如何更好地推进“走出去”战略，处理好中央政府与地方政府间目标是否趋于一致、地方政府与辖区内的央企、国企、民企间等多方利益关系会产生巨大影响。近期来看，对解决我国当前面临严峻形势，即产能过剩、经济下滑、外贸骤减、投资下降等方面，以及如何调整当前的投资、产业等经济政策，扭转经济下滑局势发挥着关键作用。

企业境外投资是企业国际化的最重要组成部分，自2000年实施“走出去”战略以来，我国企业境外投资的深度、广度、程度都有着很大提高。从过去的对周边国家投资开始，到投资美洲、非洲、大洋洲。境外投资金额逐年增加，投资流量上，2015年，在全球外国直接投资流出流量1.47万亿美元，较上年增长11.8%的背景下，中国对外直接投资流量创下1456.7亿美元的历史新高，同比增长18.3%，超过日本成为全球第二大对外投资国。境外投资存量方面，截至2015年底，中国2.02万家境内投资者在国（境）外设立3.08万家对外直接投资企业，分布在全球188个国家（地区）；中国对外直接投资累计净额（存量）达10978.6亿美元，境外投资存量位居全球第8，企业资产总额达 4.37 万亿美元[①]。

他国的境外投资大多遵循的是一种自然的产业延伸过程[②]。那么多年来对我国的境外投资要反思，究竟是政府引导下的、政策支持鼓励下的境外投资，还是企业发展到某一阶段、程度自然进行的一种产业延伸？中国作为一个发展中国家，更要考虑解决好这些问题。

自 2013 年以来，由于国际经济环境复苏缓慢、国际贸易恢复迟缓，及中国经济进入转型背景下的中速增长期，这就使得中国经济增速相比以前年度而言，持续处于低位运行，统计数据上表现为 2016 年上半年 GDP 值 340637 亿元，同比增长 6.70%[③]，分季度看，第一季度值为 160710.2 亿元，同比增长 6.7%；近 5 年 GDP 及增长率如图 5－1 所示。

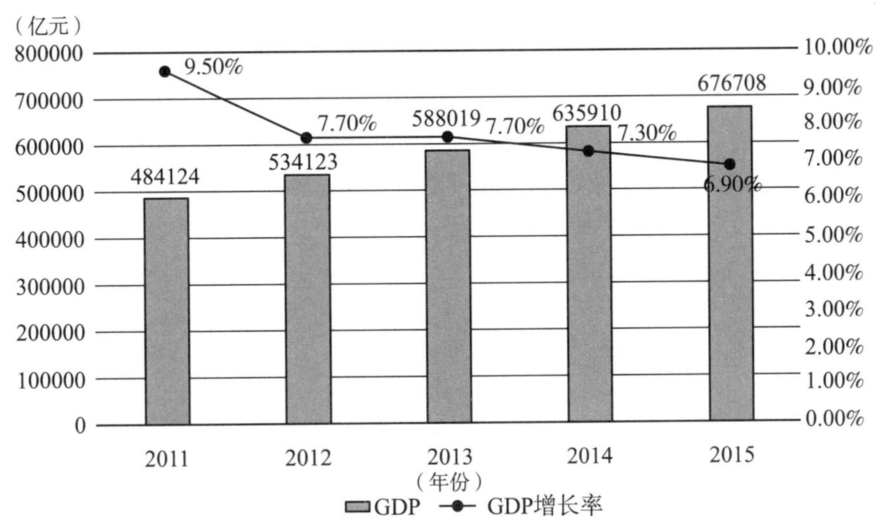

图 5－1 2011～2015 年中国 GDP 总量与增长率

资料来源：国家统计局官网 2011～2015。

从图 5－1 可以看出，2012 年以来的经济增速相比 2011 的 9.5%，下降到 7.7%，直至 2015 年的 6.9%，已明显变缓，国家统计局对近年经济形势发布表述为“总体平稳，稳中有进”。

再看近 10 年的经济总量和经济增长，如图 5－2 所示。

① 数据来源：商务部官网 http://fec.mofcom.gov.cn/article/tjsj/tjgb/201609/20160901399223.shtml。

② 基于 H－O 理论主张比较优势的禀赋论。

③ 按可比价格计算得出。

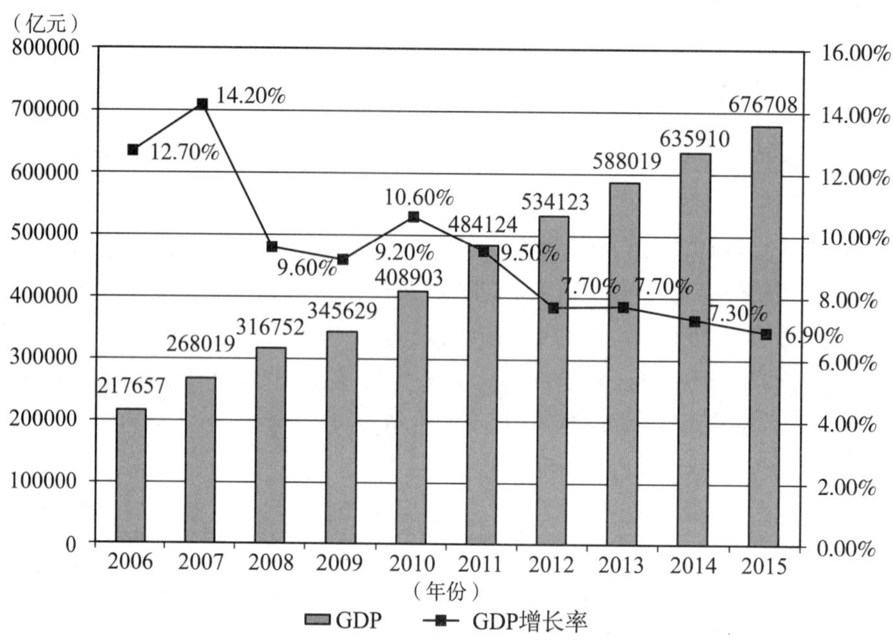

图 5-2　2006~2015 年中国 GDP 总量与增长率

资料来源：国家统计局官网 2006~2015。

相比 2013 年及以前年度，从图 5-2 当中可以看出，中国经济增长速度已经有明显下滑，而且本轮经济下滑与 2008 年的经济下滑有着明显区别①。这当中存在世界主要经济体增长放缓、全球经济景气度降低、需求减少、外贸锐减等其他经济大环境的缘由，使得我国出口依赖型行业和企业在短时间内收到了巨大的冲击，造成企业订单不足、商品滞销、资金周转困难、投资方撤资、更有一些原本发展势头良好的企业逐步陷入了困境等等。然而，我国经济内部也存在必须反思的问题：

（1）“走出去”战略节奏过快的“后遗症”。我国自 1999 年提出“走出去”战略实施多年以来，“走出去”的深度和广度均有很大提升，2015 年中国的对外投资继续高速增长，直接投资净额创下 1456.7 亿美元的历史最高值，同比增长 18.3%，新增股权投资 967.1 亿美元，占 66.4%；当期收益再投资

① 蔡昉（2009）依据熊彼特不从金融视角解释经济危机的理论出发，提出的观点认为，2008 年的中国并没有发生金融危机，而是面对世界性金融危机时遭受的出口冲击，以及自身所显示出的结构问题、经济下滑和就业冲击。全球金融危机对中国实体经济产生影响因地区、产业和企业而不同。中国实体经济在 2008 年经济危机当中遭受冲击最为严重的，是沿海地区生产劳动密集产品的外向型企业。

379.1亿美元，占26%；债务工具投资110.5亿美元，占比7.6%[①]。2002~2014年，中国的对外直接投资年均增长37.5%，2014年流量是2002年的45.6倍[②]。期间的2003~2010年间，年均增长速度高达67%。持续大规模的对外直接投资[③]，截至2015年末，中国对外直接投资存量达10978.6亿美元，流量创下1456.7亿美元的历史新高，成为一个资本输出大国[④]。但与此同时，我国本土产业并非各地发展平衡，东、中、西部发展速度和距离、发展程度差距仍旧没有显著缩小，这种情况下，如果一味强调国际化、“走出去”则很可能会造成本土产业“空心化”。

（2）中央政府与地方政府间关系处理。地方政府与国企、特别是与央企之间的无序竞争与利益纠葛。现实往往表现为一旦中央政府将某个行业划入重点扶持，地方政府就一拥而上支持这个产业发展，导致重复建设。而该产业产能过剩之后[⑤]，地方政府又纷纷提供优惠政策和补贴来支持当地企业，希望能够通过自己的“扶持”来排挤其他地区的企业，可这些行为与当前中央政府所提倡“去产能”方向背道而驰。中央政府往往从大局出发通盘考虑，化解过剩产能为第一要务，而地方政府寄希望于这些产业为当地财政贡献税收。政府对经济发展的介入程度过深，不仅人为地压低土地等资源的价格，规划地区产业结构，还经常做着企业家才做的参与谈项目或招商引资等活动。由于地方政府与辖区经济活动的关系过于密切，并且在财税收入上对辖区内一些具规模的产业和大型企业产生依赖性，以致政策被这类产业和企业的既得利益所操控并获取，一系列优惠、补贴乃至其他保护和制度租金源源不断地流向这些产业，使得扭曲的生产要素价格迟迟不能得到矫正，企业无法正确地判断生产要素相对稀缺性的变化，以致期望的产业转型升级被延迟，过时的经济增长方式积重难返。

---

① 2014年债务工具投资229.9亿美元，占比18.6%。

② 数据来源：商务部《2014年度中国对外直接投资统计公报》。联合国贸发会议（UNCTAD）《2015世界投资报告》显示，2014年全球外国直接投资流出流量1.35万亿美元，年末存量25.87万亿美元。以此为基数计算，2014年中国对外直接投资分别占全球当年流量、存量的9.1%和3.4%，流量连续三年位列按全球国家（地区）排名的第3位，占比较上年提升1.5个百分点，存量位居第8位，排名较上年前行3位。2014年，对外非金融类直接投资1072亿美元，同比增长15.6%；境外企业实现销售收入15692美元，同比增长10%；境内投资者通过境外企业实现的进出口额为4481亿美元，同比增长7.5%，其中：进口总值3379亿美元，同比增长9.8%；出口总值1102亿美元，同比增长1.2%。

③ 2014年末，中国对外直接投资存量8826.4亿美元，较上年末增加2221.6亿美元，占全球外国直接投资流出存量的份额由2002年的0.4%提升至3.4%，在全球分国家地区的对外直接投资存量排名中较上年前进3位，位居第8，首次步入全球前10行列。

④ 其中，2014年中国对外直接投资与中国吸引外资仅仅相差53.8亿美元，双向投资首次接近平衡。

⑤ 2013年以来的产能过剩近似全行业的、全局性的。

（3）大规模刺激的“后遗症”。当前我国本土产业转型困难重重，与2008年的经济刺激不无关系。2008年11月，为了应对国际金融危机给我国经济带来的压力，中国政府推出了投资总量约4万亿元的经济刺激计划。然而，4万亿元投资计划在一些行业引起了过度投资、盲目扩张，这埋下了生成“僵尸企业”的隐患。

面对当前我国本土经济正处在从高速到中高速的增长速度换挡期、结构调整阵痛期和前期刺激政策消化期的“三期叠加”阶段，经济下滑，诸多行业[①]产能过剩[②]，推动一些行业“走出去”被视为转移过剩产能、推动产业链重塑的重要手段。2015年国务院出台《关于推进国际产能和装备制造合作的指导意见》，鼓励钢铁、有色、铁路、电力等12个行业“走出去”，推进国际产能和装备制造交流合作，实现经济结构的优化调整和产业转型升级。然而必须引起重视的是，我国地域广阔、人口众多、地区之间资源禀赋和发展阶段的差异，并不小于国家之间的差异，表现为国内并非各地经济发展速度、程度表现均衡，虽然大国经济的特征往往表现为地区之间的异质性，在部分地区进入新的发展阶段后，另外一些地区可能仍然处于原来的发展阶段，但是，国际化进展迅速的同时，如何处理好对外直接投资与本土产业“空心化”、避免母国“未富先空”情况发生？如何处理好中央政府和地方政府在对待企业“走出去”问题上的立场，使得二者利益逐步趋于一致？这些问题亟需获得理论上的肃清和实际当中解决。

境外投资是企业国际化的重要组成部分。传统的解释国际化的理论一般包括有，垄断优势理论、内部化理论、国际生产折中理论，以及产品周期理论，这些理论较适合用于解释美式跨国公司行为。近年来随着跨国公司对外直接投资的发展，国际化理论不断涌现，这些研究成果总体上可以分为两类：经济论[③]和过程论[④]（Anderson，2000）。其中，经济类包括以交易成本为基础的市

---

① 以钢铁、煤炭、水泥、有色金属、石化、电解铝、平板玻璃等行业产能严重过剩，近年的产能过剩近似全行业的、全局性的。衡量产能过剩的指标主要是产能利用率，依据欧美国家的经验，产能利用率在79%～83%区间属于产需合理配比。2015年中国钢铁行业产能利用率不足67%，水泥行业产能利用率只有60%，煤制油行业产能利用率不足50%。

② 2016年我国提出的供给侧改革，当中重点5项任务，去产能、去库存、去杠杆、降成本、补短板，即“三去一降一补”，去产能作为五大任务之首，有观点认为去产能的重点是“坚定地处置僵尸企业”。（人大国发院报告《中国僵尸企业研究报告－现状、原因和对策》2016，07）

③ 经济类的国际化研究发端于20世纪50年代，以主流经济学为基础，认为决策者是经济人（economic man），依据拥有的完全市场信息，在企业国际化中做出理性的选择。

④ 以组织理论为基础的国际化研究在20世纪70年代逐步主导过程论研究，过程理论中的决策者由经济人转变为行为人（behavioral man），并在不完全信息的基础上做出相对满意的决策。

场内部化理论、垄断优势理论、Mtigwe 市场和贸易理论，及综合区位、内部化和所有权优势的折衷理论等。在过程类研究方面，北欧瑞典学派以行为理论为基础的 Uppsala 国际化模型①。近年来还有以创业理论为基础的国际创业研究②，以网络理论为基础的国际化网络理论③等等。这当中主要是从成本等方面来考虑的，比较少涉及与母国产业升级的关系。

二、研究回顾

20 世纪 80 年代开始，发展中国家逐步开始了境外直接投资，关于发展中国家境外直接投资的研究不断增加，国内外一些学者的研究探讨了国际化与母国产业升级间的关系，产业升级是发展中国家和新兴市场经济体在工业化过程中所必定面临的问题。

基于 H－O 理论主张比较优势的禀赋论认为，产业升级是一种类似于“自然演进”的结果，这种自然演进是由自由贸易引起的要素相对价格变化所推动。持这种观点的经济学家对于政府主导的产业政策基本上持否定态度（林毅夫等，1999）。

从投资动机视角解释境外直接投资促进母国产业升级的主要是 3 种，即资

① 瑞典 Uppsala 大学以 Johanson 和 Vahlne 等为代表的教授做出了重要贡献。Uppsala 的学者先后提出了企业国际化过程研究的两个重要模型，一是 Uppsala 模型（简称 U-model），一是与创新相联系的企业国际化模型（简称 I-model），美国学者对该模型的建立也做出较大贡献。Jonanson 和 Vahlne 的 Uppsala 模型认为，市场知识是影响企业国际化的主要因素，因而企业国际化就是企业通过各种途径的学习，逐渐降低与目标市场的心理距离，从而国际卷入度不断增加的过程（Johanson & Vahlne，1977）。该模型假设企业缺乏完全的国际市场信息，企业国际化的程度会随着国际化经验和知识的累积而逐步提高。

② 该理论研究基本可以划分为四类：一是资源观，Autio，Sapienza 和 Almeida（2000）和 Bloodgood，Sapienza 和 Almeida（1996）等认为，新创企业拥有独特的资源优势，能加快企业的国际扩张。二是网络观，如 Coviello 和 Munro（1995），Oviatt 和 McDougall（2005a）等认为，国际社会网络在认识和把握国际市场机会、获取国际创业信息和知识、建立信任关系等方面影响国际创业行为；三是组织学习观，如 Zahra，Ireland 和 Hitt（2000）认为，新创企业在新环境中的快速学习能力使得它们掌握了创造知识的优势，这种优势促进了新创企业的国际扩张。四是机会观，如 Dimitratosa 和 Jones（2005）认为，取得国际创业成功的关键在于敏锐地感知海外市场机会，并快速有效地采取行动。

③ 该理论认为，企业国际化就是企业与其他国家企业发展网络关系的过程，企业间的关系网络也可称为产业系统；以战略管理和资源基础理论为依据的以资源为基础的国际化战略选择研究，该理论认为，企业国际化是高度依赖战略规划的过程，因为它既确立了企业总体经营方向，又提供了对经营活动的具体指导，等等。企业国际化网络理论主要代表人有 Hagg 和 Johanson（1982），Hammarkvist（1982），Johanson，Mattsson（1985，1986，2003）等。该理论认为，企业国际化就是企业与其他国家企业发展网络关系的过程，企业间的关系网络也可称为产业系统。

源寻求型、市场寻求型和技术寻求型。资源寻求型对外直接投资主要通过打破资源限制、出口带动效应两种途径促进母国产业升级。一方面，通过对外直接投资可以打破资源短缺的限制，为本国经济发展提供持续稳定的资源供给，使国内一些因资源短缺而无法发展的“瓶颈”产业得到发展，推动本土结构优化、产业升级。另一方面，资源寻求型对外直接投资通过发挥出口带动效应，带动上游资源开采设备制造业和下游工业制成品产业的发展，进而促进国内产业升级。市场寻求型对外直接投资通过绕开贸易壁垒、转移传统产业促进母国产业升级。技术寻求型对外投资主要通过以下三种途径促进母国产业升级：一是逆向技术溢出效应；二是利润汇回；三是引进海外消费模式。

国内外一些学者的研究涉及了境外投资与母国产业升级。坎特韦尔和托伦蒂诺（Cantwell and Tolentino，1990）提出“技术创新产业升级理论”，认为发展中国家对外直接投资会使本国企业技术能力稳步提高，进而推动国内产业升级。马里安·斯维特里斯（Marjan Svetlicic）等（2000）认为，斯洛文尼亚对发达国家的对外直接投资通过学习效应使本国企业竞争力增强，促进了传统产业结构优化调整。马格努斯·布鲁斯特朗（Magnus Blomstrom et al.，2000）和马尔科姆·道林（Malcolm Dowling），贾（Chia Tien Cheang，2000）也认为对外直接投资能有效地推动国内产业升级。布莱恩·K. 里奇（Bryan K. Ritchie，2009）以东南亚发展中国家为例，认为产业升级最有可能在那些能够利用国外资产创建本国技术能力的国家实现，新加坡就是成功的典范。

国内学者研究方面，对发达国家的比较劣势产业对外投资能够快速获得先进技术，促进母国产业升级；对发展中国家的比较劣势产业投资可以转移过剩产能，为母国产业升级腾出空间（王根军，2004）。汪琦（2004）把对外直接投资的产业升级效应归纳为资源补缺效应、传统产业转移效应、新兴产业促长效应、产业关联效应和投资收益效应五个方面。杨建清和陈思（2012）从“逆梯度”型对外直接投资与“顺梯度”型对外直接投资两方面，分析了对外直接投资促进我国产业升级的机理，指出针对发达国家的“逆梯度”型对外直接投资通过打破发达国家技术壁垒、降低研发成本以及反向技术溢出效应三条路径促进我国产业升级；而针对发展中国家的“顺梯度”型对外直接投资则通过传统产业的“价值转移”及生产要素重组两个方面促进我国产业升级。邢建国（2003）从投资区位理论出发把资本和区位进行匹配，提出“过剩资本”类型的投资适用于发展中国家和最不发达国家，“垄断优势资本”类型投资适合发达国家和发展中国家，“有效资本”投资可以向三种类型的国家投资，不同区位选择可以发挥跨国企业和东道国的各自优势，并通过反向溢出效应促进投资国产业升级。

实证方面，王滢淇、阚大学（2013）运用系统广义矩估计法，分析境外投资对我国东、中、西部地区产业结构的影响，结果发现全国以及东部地区的境外投资促进了产业升级，而中部与西部地区的产业升级效果并不明显。潘颖和刘辉煌（2010）的研究表明，境外直接投资短期内对产业升级的影响不明显，而从长期来看却可以促进产业结构升级。其他一些学者的研究认为对外直接投资对产业升级的影响存在滞后性（冯正强、张雁，2011；张云、王昕，2013）。

20 世纪 80 年代初期，中国大陆对中国台湾和中国香港地区的中小型企业的投资采取了鼓励进入的优惠政策，很快便使得加工贸易成为对外贸易的主导方式。事实上，中国在之后的对外开放中执行的也是较为中性的政策，几乎放弃了国内产业政策和产业升级[①]战略贸易政策和产业升级策略之间从此不再有衔接（Naughton，2007）。这与日本、韩国、新加坡和中国台湾地区早期的做法非常不同。因此，基本可以形成一个判断，尽管产业升级的话题频频见诸媒体与学界，但近年来中国实际上并没有可执行的产业升级政策，仅有开放的自由贸易和政策（张军，2010）。

上述研究论证了境外投资与母国产业升级之间的关系，然而缺失了此过程可能对导致母国产业“空心化”的后果。

产业“空心化”最早是美国学者根据本国对外直接投资的实际而提出的[②]。首次见刊于 1986 年 3 月的美国《商业周刊》。产业空心化是指一国经济在国际化发展的过程中，随着投资者在比较优势的原则下将一些产业转移到国外，从而国内相同产业和相关产业的生产规模缩小、产品贡献度下降的现象（霍朋军，2009）。它包括 2 层含义：第一层/第一阶段含义是国民经济的服务化和超工业化，第二层/第二个阶段含义则是制造业的生产据点向海外转移。

传统产业“走出去”转移后需要由高新技术等其他产业来弥补转出后留下的空间。

---

① 总体来说，中国 30 年来并没有制定和实施一套具有明确目标并严格设计的产业升级的政策体系。而且在经济改革和财政分权的进程中，似乎很难找到证据说明中国曾经有效地执行过任何具体的产业升级的选择性政策。

② 产业“空心化”现象最早出现在 19 世纪的实现工业化的英国殖民主义经济当中，直到 20 世纪 70 年代美国发生产业空心化之前，几乎无人从产业空心化的视角来研究。

三、中国的现实困境

中国自2000年实施“走出去”战略以来，“走出去”的深度和广度均有很大提升，2015年中国境外直接投资达历史新高，净额1456.7亿美元，超越日本位列全球国家（地区）第2大对外投资国。截至2015年底，我国境内2.02万家投资者共对3.08万家境外企业进行了投资，分布在全球188个国家和地区，境外企业资产总额达4.37万亿美元。期间2014年境外投资流量①是2002年的45.6倍②。与此同时，引发了我国境内发展的许多问题，对这些问题的处理关系到我国“走出去”战略能否顺利实施、国内产业转型升级效果，以及如何扭转当前我国经济下滑的局势等方面的有序推进。

（一）境内空心化困境

我国境内经济并非各地发展平衡，东部地区发展速度长年高于中部和西部地区，特别西部地区发展程度长期远落后于东部地区。需要很好地把握和控制境外投资的速度和节奏，东部沿海地区产业在贯彻实施“走出去”战略的过程当中，忽视了中、西部地区的相关产业转型升级和发展，长此以往势必会造成本土部分产业出现“空心化”③。

我国产业“空心化”早在20世纪90年代中期就发生过，当时国内出现了消费结构断档，储蓄持续大于投资，以及产能闲置等经济现象，一些学者（周振华，1998；刘成，1999；张贵，2001）从供求视角解释了这些“产业空心化”症状。他们的研究提出，“产业空心化”实质上是产业结构弹性问题，即当需求侧发生变化时，供给侧对其反应，若反应不足则会出现“产业空心化”。还从理论、实践及政策3个维度解释了我国“产业空心化”的原因：理

---

① 2014年中国对外直接投资与中国吸引外资仅仅相差53.8亿美元，双向投资首次接近平衡。

② 数据来源：商务部《2014年度中国对外直接投资统计公报》。联合国贸发会议（UNCTAD）《2015世界投资报告》显示，2014年全球外国直接投资流出流量1.35万亿美元，年末存量25.87万亿美元。以此为基数计算，2014年中国对外直接投资分别占全球当年流量、存量的9.1%和3.4%，流量连续三年位列按全球国家（地区）排名的第3，占比较上年提升1.5个百分点，存量位居第8位，排名较上年前行3位。2014年，对外非金融类直接投资1072亿美元，同比增长15.6%；境外企业实现销售收入15692美元，同比增长10%；境内投资者通过境外企业实现的进出口额为4481亿美元，同比增长7.5%，其中：进口总值3379亿美元，同比增长9.8%；出口总值1102亿美元，同比增长1.2%。

③ 从广义和狭义的角度来看，“空心化”主要表现为制造业向境外转移而引发的国内制造业萎缩。

论上，有效需求不足、供给结构缺乏弹性和供求失衡造成产业“空洞”；实践上，传统产业受制于研发薄弱，技术创新能力低下而升级困难，新兴产业发展受阻；政策上，地方政府过度干预使得产业布局分散、企业效益差，低水平重复建设严重，对境内外资缺乏引导和规制，产业结构调整困难重重。余治利（2000）的研究提出一个预测，随着世界范围内的知识经济兴起和居民消费结构变化，传统产业面临加速衰退的趋势，短期内技术创新能力难以大幅提升的状况会阻碍形成新兴产业，中国的“产业空心化”将进一步加剧。

对于区域性产业升级与“产业空心化”的研究，研究重点关注制造业密集的西北和东北老工业基地。黄宁辉（2004）和韩军（2005）分别分析了“产业空心化”对西北和东北老工业基地的负面影响，提出技术进步、外部需求变化造成了传统产业的衰退，而要素流动性差和民间投资主体缺位等问题又导致新兴产业发育迟缓，其研究建议通过技术和体制创新促进传统产业的改造，加快新兴产业发展，以弥补新旧产业更替时所造成的“空洞”。刘威（2005）的研究指出，地方政府追求政绩和过分强调发展速度的短视行为，迫使一些地区放弃比较优势，误导了资金和劳动力流向，造成老工业基地“产业空心化”。

第三类研究是关于政策的，主要是围绕汽车制造业的政策和技术“空心化”问题进行。“市场换技术”政策实施20多年来我国境内企业技术能力成长的实际状况为基础，着重考察了汽车产业等制造业出现的技术“空心化”现象。尹家绪（2004）和康灿华（2004）的研究分别指出，我国汽车产业由于缺少自主品牌面临“空心化”的威胁，基于对影响汽车产业技术创新环境要素的分析，提出只有实行产业技术创新的合作（融入）战略、平台战略和集群战略，才能有效利用国际、国内及地区的创新资源，以避免产业技术“空心化”带来的严重后果。相应提出一些预防汽车产业“空心化”的措施，具体为：加强汽车行业法制化管理，制定相关政策，鼓励、引导企业重视和加强自主开发，大力培育自主品牌等。吴松泉（2005）对我国汽车制造业“市场换技术”战略的效果进行实证检验后发现，我国境内的外资公司的技术外溢效应极其有限，汽车产业技术政策并没使我国境内汽车工业通过学习效应而具备自主开发能力，技术“空心化”趋势明显。

近10年以2007年为例，当时我国出现人民币持续升值、实施新《劳动合同法》，并调整了出口退税政策，这压缩了企业本就有限的利润空间，从而加快了许多企业向境外转移的节奏，特别是沿海发达地区出现大规模企业外迁。其中，以珠三角地区最为明显，成为企业外迁的“重灾区”。据深圳市政府统计数据显示，2007年始，深圳全市共计600多家企业迁离，年产值约170亿元，占全市2007年工业总产值的1.6%；另外，据东莞市工商行政部门的统计数据显示，2007年当年迁离东莞并向工商部门办理注册地变更手续的企业达到500余家。这当中，中国港台企业成为迁移大军的最大阵容。根据中国香港总工会的一份调查显示，2008年，位处珠三角大约8万户的港资企业中，有37.3%已计划将全部或部分产能撤离珠三角，更有超过63%的企业计划迁离广东。如此多的企业集中撤出，导致沿海地区传统的生产能力特别是制造业的生产急剧萎缩，亟需新兴产业的发展以及外来企业的进入来弥补。但外来企业的进入和新兴产业的发展受多种因素制约，很难在短时间内弥补外迁企业留下的地域、产能缺口，最终导致沿海发达地区面临“产业空心化”威胁。

实际上，自1978～2008年间，东部沿海地区经济实力获得极大增强，已经进入了工业化中期的后半阶段，而当地以劳动力、土地原材料等为代表的生产要素价格不断上涨，导致当地多类成本优势难以为继，许多加工型，或劳动密集型产业逐渐把生产基地转移到东南亚等成本低、发展空间大的地区。随着大规模企业的撤离，降低了我国东部沿海地区的经济增长速度，该地区已经出现了明显的“产业空心化”①。

（二）区域发展与长短期困境

我国本土经济各区域发展并非同步，东、中、西部发展速度和距离、发展程度差距仍旧没有显著缩小，以2013年贸易格局来看②，2013年1～11月期间，全国累计外贸总额达到37704.918亿美元，东部地区依然占有83%以上的外贸份额，中部占比5.2%，西北占比1.6%，东北占比4.4%，东北占比4.3%。此情况下，如果一味强调境外投资则可能只会加重东、中、西部的经济发展程度和差距。

我国境内企业大规模到境外投资，会在一定程度上引起境内缺乏投资资金和专业化人才；而境内企业转型也需要资金和技术，这表现在过去长期生产的偏重是低端制造业产品，近年逐步转为生产高端产品，这就需要增加研发投入、知识性员工培育等方面都需要资金、技术投入，这对中西部地区的企业更

---

① 也有研究提出不同观点，认为东部沿海地区并未出现“空心化”，例如马淑琴，张晋（2012）利用1996～2010年间的数据，对浙江和广东两个制造业大省的空心化程度进行了检测，证实中国的ODI并未导致浙江和广东出现产业空心化现象，这是因为浙江和广东是外贸大省，受到国际金融危机冲击导致其制造业开工不足导致，故而产业空心化问题并未在省际层面上表现出来。

② 2013年进口额为17681.73亿美元，占外贸总额的46.89%；出口额达到20023.187亿美元，占外贸总额的53.11%，顺差2341.46亿美元，较2012年贸易顺差增加30亿美元。

加显著。微观而言，企业追求利润、现金流入及影响力，倾向于投资比母国落后的国家以寻求资源、扩展市场、获取成本优势，或者投资比母国发达的国家以寻求更好的投资环境，包括更优的劳动力素质、技术水平、政治稳定和法制健全等发面，这就缺乏对境内区域经济协调发展的考虑，长此以往将会加剧东、中、西部的发展不平衡。

蔡昉等（2009）的研究提出通过实现产业在东中西部三类地区的重新布局，即沿海地区的产业升级、转移与中西部地区的产业承接，可以在中西部地区回归其劳动力丰富比较优势的同时，保持劳动密集型产业在中国的延续。

大国经济在注重区域发展均衡的同时，还必须考虑经济近期与远期的协调与先后次序。大国经济运行在短期内侧重于稳增长，不能发生太大滑坡，否则很可能会引发社会不稳定甚至动荡①，但远期当中境内产业必须有序进行转型与升级，不能一直停留在出口稀缺资源、生产初级产品和贸易出口阶段，这才能有利于我国经济长期发展。而转型升级是一个漫长的过程，得经历多个阶段和步骤才能够达成，并非一蹴而就，是需要许多年才可以实现的目标，短期内无法看到明显成效，这就产生了一个矛盾，要保证短期经济利益，就得在一定程度上牺牲远期利益；或者要为长远、全局利益着想，就要放弃部分眼前的、局部的利益。短期内，我国境内企业进行大规模境外投资可以实现类似降低成本、扩大市场份额等目标，然而长远看来，大规模境外投资对母国经济实体会造成的负面影响是不容忽视的。

（三）多维度目标差异困境

维度之一，中央－地方政府目标不完全一致产生的困境。

中央政府与地方政府间关系处理很微妙，当中经常会有不一致。地方政府与国企、特别是与央企之间存在不良竞争。一旦中央政府将某个行业划入重点扶持，地方政府就一拥而上支持这个产业发展，导致重复建设。而该产业产能过剩后，地方政府又纷纷提供优惠政策和补贴来支持当地企业，希望能够通过自己的“扶持”来排挤其他地区的企业，可这些行为与当前中央政府所提倡“去产能”方向背道而驰。中央政府往往从大局出发通盘考虑，化解过剩产能为第一要务，而地方政府寄希望于这些产业为当地财政贡献税收。政府对经济发展的介入程度过深，不仅人为地压低土地等资源的价格，规划地区产业结

① 类似20世纪90年代国企改革，至今还有历史遗留问题未解决。

构，还经常做着企业家才做的参与谈项目或招商引资等活动。

由于地方政府与辖区经济活动的关系过于密切，并且在财税收入上对辖区内一些具规模的产业和大型企业产生依赖性，以致政策被这类产业和企业的既得利益所操控并获取，一系列优惠、补贴乃至其他保护和制度租金源源不断地流向这些产业，使得扭曲的生产要素价格迟迟不能得到矫正，企业无法正确地判断生产要素相对稀缺性的变化，以致期望的产业转型升级被延迟，过时的经济增长方式积重难返。

维度之二，宏微观之间关系处理不完全趋同产生的困境。

宏微观困境即是指政府与企业间关系，通常政府与企业的目标函数不一致。政府往往追求名义上是公益性的政绩工程、面子工程等投资，而企业，尤其是民营企业追求的是盈利和现金流，注重的是效率，对投资项目筛选标准与大部分国有企业的不同，在这方面，国有企业往往陷入政府干预-企业过度投资-产能过剩的怪圈当中（王立国，2012）。近几年我国已有相当多的产业产能过剩，明显进入了边际效益递减阶段（陈清泰，2014），例如钢铁、水泥、玻璃制造、有色金属业等等。

会出现此类困境的原因在于政府与企业各自目标不同。政府的目标函数包括经济增长、保障就业、稳定物价、维护区域协调发展、国际收支平衡等方面。

$$F(X)=f(x_1,\ x_{2,}\cdots x_n)$$

$F(X)$ 表示总目标；x_1，x_2，…，x_n 表示一系列涵盖经济、政治、社会的子目标。

与此不同，企业的目标函数包括盈利、企业价值最大化、股东利益最大化，及利益相关者（stakeholders）间的关系处理。

$$F(x)=Max(Sales,\ Revenue,\ Income) \quad (1)$$

$$F(x)=Min(Cost,\ Expenditure) \quad (2)$$

$$F(x)=f(pursuit\ of\ innovation) \quad (3)$$

$$F(x)=Max(Firm\ Value) \quad (4)$$

$F(x)$ 表示企业目标，从中不难看出，企业目标与政府目标并非一致，近年尤其明显，宏观上需要通盘考虑去产能、去库存、补短板等方面，而企业仅从本身出发，希望政府出台更多优惠政策帮助自身渡过经济难关、得以持续经营，现在一些产能严重过剩的企业尤其表现如此，寄希望于政府给予各项补贴帮助自身度过此轮经济下滑的困难，这与当前宏观着力的“三去一降一补”渐行渐远。

（四）就业困境

近年来我国境内就业形势严峻，宏观就业压力总量大，2003～2016 年高校毕业生人数日益增长，如图 5－3 所示。

图 5－3　2003～2016 年高校毕业生人数概况

资料来源：中国教育在线。

从图 5－3 可以明显看出，2003 年以来的 14 年高校毕业生数据呈现逐年递增趋势，当中仅有 3 年的就业率显示比较平稳，分别是 2012 年为 90.9%，2013 年为 91.4%，2014 年为 92.1%。

2016 年 1 季度单位招聘同比减少 22.9 万人，同比下降 4.5%，东部地区市场用人需求减少 1.2 万人，而求职人数却增加了 14.1 万人①。

表 5－1　2006～2014 年境外企业员工概况

年份	年末境外企业员工总数（万人）	雇佣外方员工（万人）	来自发达国家雇员（万人）	同比增加/减少	同比增长
2006	63	26.8			
2007	65.8	29.5			

① 资料来源：http：//edu. sina. com. cn/l/2016－05－09/doc-ifxryhhi8519003. shtml，2016 届高校毕业生创历史新高。甚至被称为“史上最难就业季”。

续表

年份	年末境外企业员工总数（万人）	雇佣外方员工（万人）	来自发达国家雇员（万人）	同比增加/减少	同比增长
2008	102.6	45.5			
2009	97.0	43.8			
2010	110.3	78.4			
2011	122.0	88.8	10.0		
2012	149.3	70.9	8.9	-1.1	-11%
2013	196.7	96.7	10.2	1.3	15%
2014	185.5	83.3	13.5	3.3	32%

当前经济运行复苏缓慢，就业压力变大的形势下，就不得不考虑中国企业境外投资的节奏、规模与境内就业之间的关系。近年逐年增长的境外投资不仅带走了资金，还带走为数不少的就业机会。以2014年为例，中国在欧盟设立直接投资企业超过2000家，已覆盖欧盟全部28个成员国，雇佣外方员工7.39万人①。

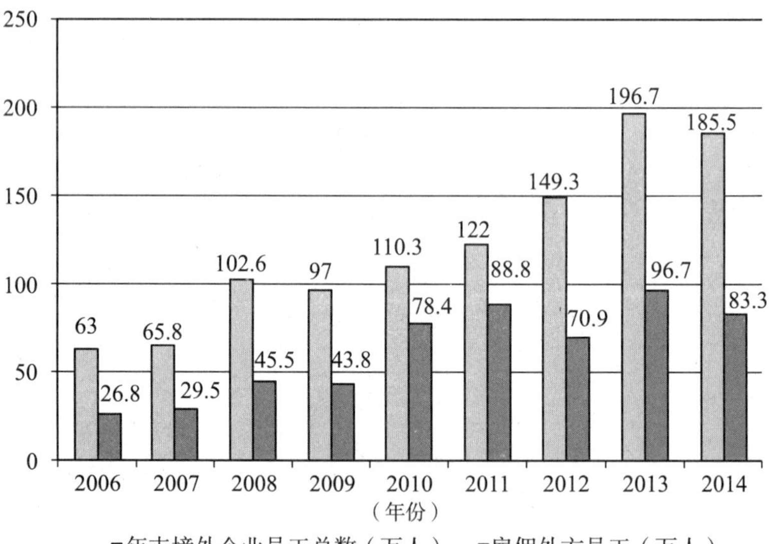

图5-4　2006~2014年境外员工（含外方员工）对比

资料来源：2006~2014年度中国对外直接投资统计公报。

① 《2014年度中国对外直接投资统计公报》，P5。

从图5－4可以看出，中国企业境外投资雇佣当地员工的比例自2006～2014年均在45%以上，高的年份2011年更是达到了73%。从微观上企业视角来看，企业侧重于提高效率、降低成本，特别是降低人工成本，近年来境内人工成本刚性、不再具备比较优势，这也是导致中国企业境外投资递增的重要因素，其中租赁和商务服务业增加明显，2014年投资流量368.3亿美元，占比29.9%，同比增长36.1%；2015年制造业投资同比增长108.5%，达103.9亿美元。依据投资拉动就业的作用，我国在着力推进"走出去"投资利于当地就业的同时，也要考虑到境内近年严峻的就业形势，两者之间如何协调才能更好地解决境内就业困境。

四、日本的启示

我国近年出现的"产业空心化"与日本20个世纪90年代"产业空心化"的发生背景很类似，都是面临着各种复杂的外部环境，如周边国家迅速崛起、贸易摩擦加剧、区域经济一体化进程加快以及国内产业结构调整等等，因此，为促进我国产业结构实现升级，防止"产业空心化"负效应在我国加剧，可借鉴日本的经验与教训，总结主要有如下几点。

在各方面关系处理上，主要解决好以下几点。

（1）理顺管制与竞争间关系，以企业为中心调整产业结构。

产业升级和调整过程中，政府出台各种政策和措施进行干预的行为很常见，日本正是这样做的。第二次世界大战后，日本政府实施过大量的产业政策对其经济的快速恢复和发展起到重要作用。说明适度的政府干预也有利，然而过多的管制只会制约和限制经济发展，这些产业政策大多属于保护性的，具有过高的进入壁垒，缺乏竞争机制，在促进本国产业恢复的同时也限制了外资的进入，最终使得转移出去的产业缺口难以弥补，造成了20世纪90年代日本境内出现严重的"产业空心化"。

我国现阶段的市场经济体制仍不完善，不能仅依靠政府出台政策对某些产业进行扶持和帮助，也不能全凭市场机制对国民经济发展方向进行调节，否则容易形成管制过多，一些产业发展产能过剩、部分产业发展受阻、产业升级调整难实现；或者可能造成基础产业发展滞后而加工业发展过快的短期繁荣，这样的经济增长都不可持续。在这方面可以借鉴日本的经验，理顺政府管制与市场竞争间的关系，让市场机制发挥决定性作用，适当运用产业政策进行补充，重点营造公平竞争的交易环境，以企业为主体、为中心进行产业升级和结构调整。

（2）突出主导产业，明确重点产业。

主导产业对经济发展的带动和刺激作用明显，为一个经济体提供了持续发展的动力，创造新的需求，从而推动其他产业发展。在经济发展的不同阶段，主导产业也会发生更替，以效率更高技术更先进的主导产业来带动其他产业的增长。经济发展的过程是主导产业交替和更新并将经济不断推向更高发展阶段的过程。因此，在经济发展的不同阶段，需要明确重点发展产业，突出于经济发展相适应的主导产业。20 世纪 90 年代，日本在原有主导产业日趋成熟并转向海外生产时，虽然确定了十几个重点发展的产业，但因数量过多而失去明确的方向，造成了主导产业的暂时缺位，这是日本发生“产业空心化”的主要原因之一。

随着经济全球化进程的日益加快，国际分工日趋加深，中国作为发展中国家，产业升级将不可避免地受到发达国家主导的全球产业结构整合的冲击，若不能及时调整和制定自己的战略目标，明确重点发展产业，突出与本国经济发展相适应的主导产业，极有可能被动地受制于外部安排而阻碍产业结构的优化升级。

（3）着力提升创新能力。

创新是一国经济得以持续发展的源泉，产业结构升级的关键在于创新。虽然，发展中国家可以借助其后发优势，通过技术引进、消化、吸收，在渐进创新模式下实现科技发展的飞跃，而不需要逐一经历产业结构演变的每一个阶段。但是，渐进创新可以提高现有产业的效率，却不能创造新的产业，创造新产业的活动必须在良好的国内科学研究基础上由激进创新完成，因此，基础研究对于实现总体上的技术超越并保持领先地位是至关重要的，尤其在经济完成追赶任务后表现得更为突出。日本发生“产业空心化”的重要原因之一就在于：在长期“赶超”的过程中，形成了重视技术改良而忽略技术创新的研发体制，导致了日本企业自主开发创新能力不足，造成了高新技术产业发展缓慢，无法弥补传统制造业迁离本土后留下的空白。

近年来，我国多个行业的对外技术依存度在 50% 以上，自主创新能力极为不足。在此背景下，也是为避免重蹈日本的覆辙，我国政府提出了“大众创业万众创新”的“双创”，以激发民间的创新热情和能力。这是我国产业实现转型和升级的必经之路，才能为我国经济持续健康发展提供出路和保障。

日本最初是以出口贸易为主，到了 20 世纪 70 年代逐步开展境外投资，发展至今，日本对外直接投资流量 2014 年为 1140 亿美元，2015 年为 1290 亿美元，已连续多年位列全球第二大对外直接投资国。在“走出去”的策略、区位选择和顺序上，主要是如下几点。

(1) 从区位选择角度上，日本在开始进行境外直接投资时，主要是转移国内处于比较劣势的产业，如玩具、服装、纺织等劳动密集型产业。着重关注东道国是否具备劳动力成本优势，是否具备优惠的吸引外商投资政策，以此减少劳动密集型企业的生产成本，获取更高的利润。20 世纪五六十年代日本主要对中国香港、韩国投资，80 年代转移到中国内地沿海地区、泰国，90 年代后逐渐转向中国内地、越南和印度尼西亚，这就是由于这些国家或地区具备劳动力比较优势，同时也具备优惠的吸引外资政策。

(2) 投资策略上，日本企业境外投资奉行“大企业开路、相关中小企业紧随其后”的原则。

(3) 处理境外投资与本土产业发展上。在 20 世纪 80 年代 ~2000 年期间，由于受到国际经济形势变化及国内工业化进入成熟阶段逐步向后工业化社会过渡，日本曾经历过国内产业空心化，他山之石可以攻玉，其在处理这方面的经验值得我国借鉴①。

日本境外投资与产业转移导致了境内一定程度的空心化，可以从国际产业转移走向和国内结构调整态势两个方面来分析原因。

(1) 国际产业转移走向上，日本产业空心化的原因主要是“转出多，转入少”，无法通过对内直接投资与产业转入弥补境外投资与产业转出后的空白。日本在 1997 ~2001 期间吸收的对内直接投资仅有 331.9 亿美元，仅相当于其同期境外投资的 23.2%。

(2) 从国内结构调整态势看，日本国内产生空心化的原因在于服务业和高新技术产业发展滞后，无法弥补传统制造业转出后留下的产业空间。为此，日本政府积极倡导“技术立国”，半导体、计算机、机器人、机械制造、医疗电子、航空设备等都已成为国内新兴的核心产业，同步在海外设立研发基地、聘用外方科研人员与境外研究机构、高校与大企业合作，开发新产品并获取生产专利。

日本的产业空心化是由于产业结构调整向高技术化、信息化和服务化方向过渡的进程中出现的传统产业衰落现象。也就是说，在日本“产业空心化”

---

① 小岛清教授在他提出的顺贸易导向型海外直接投资理论中强调了“飞回效应”（boomerang effect），即母国通过境外投资，以廉价成本生产出成品后返销母国（或部分销往第三国），这能从境外调进本国所需的资源，从而加强投资国的经济基础，避免母国的空心化。

发生过程中，其本土不是废弃了科学的研究开发和应用，而是加大了对科技进步的投入。当时国内资本流向的三个方向中，科技开发和应用领域是一个重要的投资方向。

五、多重困境下突围的思路

随着我国境外投资金额逐年增长，2015 年创下对外直接投资流量 1456.7 亿美元的历史新高，面对现实存在的多重困境，"走出去"的企业如何处理好境外投资与本土产业转型、产业空心化之间的关系，如何开拓国际视野思维、充分利用各类资源等诸如此类问题亟待解决。

（一）关于境内转型

1. 制度环境方面

由于我国开放 30 多年以来缺乏切实可行的产业升级政策，主要依赖自由贸易和政策，即"重开放轻产业"。需要从以下方面着手。

（1）重点培育适合企业发展的国内市场环境。在 ODI 持续增长的同时也能够吸引 FDI 增长以弥补本土产业转出遗留的空间。如果本土市场本身趋于萎缩，将很难吸引 FDI 和产业转入。借鉴日本的做法，及时发展高新技术产业和服务业可在一定程度上弥补传统产业转出后留下的空间。

（2）调整和升级产业结构，创造投资机会。为了避免出现空心化，必须调整、改变国内产业发展与企业经营的"高成本结构"，才能留住企业在本土持续经营。

（3）健全境内企业的治理结构，吸引 FDI 入股。2014 年中国实际使用外资金额 1285 亿美元，首次位列全球吸引外资第一，这与我国近年来逐步改革和完善本土企业治理结构是分不开的。

2. 实现路径方面

当前中国着力实施"走出去"与"一带一路"的背景下，要把境外投资作为促进国内产业升级的重要路径。

（1）鼓励资源寻求型 ODI，推动境内产业升级。

突破瓶颈产业的限制是产业升级的必经之路。通过境外投资可以使瓶颈产业获得其发展所需资源。因此，应大力支持瓶颈产业到资源富集地区从事海外资源开发与利用。一方面，这些地区资源丰富，可以为我国产业发展提供持续稳定的资源供给；另一方面，像非洲、拉美的国家经济发展相对落后，由于资金、技术等方面的限制，某些自然资源没有得到有效地开发与利用，为我国企业资源寻求型对外直接投资提供了难得的投资机会。

（2）引导市场寻求型 ODI，转移传统产业。

为了绕开贸易壁垒使境内企业根据国际市场需求来调整生产，需鼓励境内企业到东南亚、南亚等市场寻求潜力大的国家进行境外投资。这是由于这些国家与我国的经济发展程度接近，受到汉文化影响比较久，产品需求偏好相似，为我国市场寻求型境外投资提供了广阔的市场空间。而且，在经济全球化和一体化趋势影响下，这些国家已不同程度地开放本国市场，实施多种优惠政策以吸引外资进入，成为我国市场寻求型境外投资比较理想的区位。

（二）关于空心化

1. 设立双向循环机制，促进产业转移

从国际产业转移的角度来说，一个国家要想实现产业升级，应该建立双向循环机制，进行产业的双向转移，既要承接发达国家向本国转移进来的产业，又要对外转移本国的落后产业。只有这样，对外投资与吸收外资才能大体相当，对外直接投资与产业外移所造成的产业空间，可以通过引进国外直接投资与产业转入来加以弥补，使产业结构得以平衡和优化，以实现产业的升级换代。因此，从这个角度来说，日本“产业空心化”的主要原因在于“转出多，转入少”，无法通过对内直接投资与产业转入弥补对外直接投资与产业转出留下的产业空间。

针对近年来我国的产业结构失衡、加工工业生产能力过剩、高新技术产业增长动力下降等情况，向国外转移生产能力过剩的产业、进行产业结构调整升级的需要日趋迫切。这要求我国参与国际产业的重点不仅仅是引进产业，更要利用产业转移规律和契机向外转移部分产业，也就是说，我国参与国际产业转移的战略重点该是进行“双向转移”，是承接和转移并重的、双向的产业转移。但从实际情况来看，我国吸收外资的情况明显大于对外投资，即产业引进大于产业外移。这方面从 2014 年开始好转，2014 年中国对外直接投资（ODI）

与中国吸引外资（FDI）仅差53.8亿美元，双向投资首次接近平衡[1]。因此，要实现产业结构升级，保持经济增长的可持续性，我们必须充分认识到产业转移规律对于我国经济发展的重要意义，利用我国与其他国家、地区之间在产业结构上存在的梯度差异，鼓励各地区、企业以产业转移为契机展开跨国经济合作，积极吸收国外先进产业，引进资金和技术等稀缺要素，促进产业结构转换和升级，同时适时向外转移不再具有比较优势的产业，提升我国整体的产业结构层次和水平。

中国的产业转移可以借鉴和汲取欧美、日本等国的经验。我国在主动承接位于国际价值链上高中端产业的同时，应逐步向外转移过剩产业，遏制产业空心化。

欧美发达国家在进行大规模境外投资和产业转出的同时，也大规模对内直接投资与产业转入，以至在相当程度上弥补了对外直接投资与产业转出留下的产业空间，故未造成境内产业空心化严重。例如1997～2001年5年间，美国、英国、比利时、法国、德国和荷兰的吸收FDI分别为10233.5亿美元、3736.5亿美元、4537.2亿美元、1948.7亿美元、3097.6亿美元和2021.3亿美元，对内直接投资分别相当于对外直接投资的144.4%、53.5%、99.8%、43.0%、92.0%和86.5%。

2. 实施产业“双向转移”，遏制“空心化”蔓延

在我国经济日益融入世界经济一体化进程中，预防产业“空心化”必须调整失衡的国内外市场结构，实行国内外市场并重的策略。因此，为避免出现“产业空心化”，除了在国内市场进行加快传统产业的改造和大力发展高新技术产业外，还要抓住新一轮全球产业转移的时机，充分利用国外市场，根据国际产业转移规律，积极地、有选择地承接我国具有一定优势的产业，并逐步向外转移部分产业，从而促进我国产业结构的优化升级。

从国际产业转移的视角而言，一国要想实现产业升级，就必须进行承接和转移并重的、双向的产业转移，来保持吸收外资和对外投资的平衡，实现产业结构的优化升级，进而遏制“产业空心化”的势头。这也是日本“产业空心化”带给我们的一个重要教训。但我国的现实，吸收外资长年大于境外投资，产业外移还比较少。而且，引进的外资由于缺乏统筹规划、合理引导，使产业结构调整遭遇挑战，加重了我国“产业空心化”的趋势。为此，我们一方面

---

① 《2014年度中国对外直接投资统计公报》，P6。

要制定完善有关的政策法规来引导和规范外资投向，以实现关键产业的保护和促进产业结构的升级；另一方面，要采取有力措施鼓励有条件的企业“走出去”，加大部分产业的海外转移力度，以实现吸收外资和境外投资的平衡。

（1）健全运用外资的制度，规范外资投向。

外资的大量进入虽然引进了国际先进技术，促进了我国经济的快速增长，但由于缺少法律约束和政策引导，严重危害了我国的产业安全，使我国“产业空心化”的趋势日趋明显。因此，应从我国产业结构调整和升级的要求出发，进一步地健全和完善利用外资的法律政策体系，规范和引导外资投资和投向。具体地，需要重点做好以下两点。

①有条件地限制兼并收购，保护朝阳产业和支柱产业。支柱产业是国民经济的基础，朝阳产业是国民经济的希望，必须给予适当扶持和保护。根据各行业的不同情况，分别明文限制外资不得介入、合资中外资比重限定等，禁止全行业性兼并收购、地区性一揽子收购等。

②禁止外资对我国转移淘汰产业。加强对利用外资的审查，禁止高污染、高能耗以及不符合我国产业政策的淘汰产业进入我国境内。

（2）鼓励有条件的企业“走出去”。

进行产业外移是在经济全球化趋势下国内产业结构调整和产业升级的一个重要出路，把旧的、不具有比较优势的产业转移到国外，可以将资源重新配置到新的或更高级的产业，从而促进新兴产业的发展，加快国内产业结构的调整，增强经济发展的动力和后劲。

虽然我国的对外投资和产业转移已有较大发展，但与引进外资和产业承接相比而言，还比较少。因此，在承接国外产业转移的同时，需要鼓励有条件的企业“走出去”，加大部分产业的海外转移力度，以促进产业结构的升级。当前，我国的纺织、服装、食品、家用电器、自行车等劳动密集型产业的生产能力严重过剩，在国内处于比较劣势的地位；而广大的东南亚发展中国家、拉美、非洲甚至东欧部分国家却具有相对优势，是最佳的海外投资区域。根据小岛清的边际产业扩张理论，我们应加大这些产业的海外转移力度，为国内新兴产业的发展腾出足够的空间，促进生产要素向这类产业转移，以培育和扶持新兴产业的成长，推动产业结构的优化升级，从而遏制“产业空心化”的势头。

3. 给予优惠引导投资

财政政策方面给予企业相应税收优惠，降低企业运营成本和各类交易成本，留住企业在本土持续经营的同时实现制造业转型；合理引导投资流向，促使投资结构与未来就业结构保持一致，利于本国经济长远发展。

4. 发展高端制造业

随着经济的发展一些传统产业会逐渐衰退，要建立自主创新与引进创新相结合的科技创新体系，开发新兴产业推进产业结构升级，以此避免空心化蔓延。新兴产业的发展需与区域产业布局变革相结合，不能忽视传统制造业的发展及产业多样性。发展传统制造业在很长时期仍然是工业落后地区的任务，如果过度追求发展高端产业，可能会造成重复投资，使某些具有竞争优势的制造业的发展停滞不前，不利于产业结构升级。

第六章

中国企业对外投资风险分析

“走出去”战略的实施进程当中，对外直接投资是最重要的一种方式，对外作为一种长期的经济行为，对外直接投资的目的是为了获取预期收益，然而国际投资形势风云变幻，存在各种不可预计的因素影响，使得获取预期收益变得不确定，这就产生风险。对外直接投资在经营管理、治理模式、管控方式上面都难度更大、特殊性更强，需要具备更高的专业性，这些导致对外直接投资风险比国内投资更不可控、更复杂、更有隐蔽性，因此，需要改变之前对投资风险淡薄、防控机制缺失或流于形式的现状，切实加强对外直接投资风险管理，通过对风险进行综合识别、分类、评价、防控来降低风险程度，减少损失，对当前我国开展境外直接投资具有十分重要的意义。

一、问题的提出与逻辑

（一）相关概念界定

风险是由于内外部环境变化以及事前未能预料因素的影响，导致在一定时期内发生的经营主体目标偏离的可能性，简单地说，风险就是预期与实际目标之间的发生差异及其概率。风险具有客观性、主观认知性、不确定性、可控性等特征。对任何企业而言，风险都是存在的，管理的关键在于如何识别和防范。

企业对外投资风险分为广义和狭义，广义的对外投资风险按照不同的研究视角可以有多种分类法，从母国政府视角看，主要是政府监管及服务风险、境外投资保护风险；从投资东道国角度看，主要是投资环境风险；从企业角度看，主要指境外投资经营会面临的金融风险（包含融资风险、汇率风险），制度风险（包含专利风险、涉税风险和法律风险），文化风险，安全风险、环境风险和投资决策风险等，其风险程度受东道国政策环境、政府监管、服务与保护力度制约。

狭义的企业对外投资风险则专指企业视角会遭遇的风险，本书中以狭义概念来对风险分类。

（二）风险识别

企业境外投资风险可以按照其产生的原因进行分类识别。风险识别是整个风险管理活动的前提和基础，它包括调查境外投资所面临的潜在风险是否存在，以及分析风险产生的各种原因，并按照所产生的原因进行分类。

风险识别是进行风险评估的基础，是指企业在信息框架内，辨识出会影响企业目标的大部分风险，即查找出企业各主要业务板块、各项重要经营活动及其业务流程中，是否存在风险、存在哪些风险。具体的方法处理上可采用信息分类法对相应的风险进行分类识别；或者根据企业的内外环境差异进行分类识别①。

关注要点是有无风险、有哪些风险存在。风险识别的方法包括清单分析法、调查法、流程图法、头脑风暴法等。风险识别的关键在于找到风险源。风险源可以分为外部风险源和内部风险源两类。

外部风险源是由外部因素所控制的，如自然环境、政治环境、社会环境、法律环境等；内部风险源所由企业制度、流程的缺陷或内部管理人员认知、操作的失误所造成的。企业进行风险识别应对风险层层解剖，对风险源进行描述，逐级识别到具体风险事项层面。以境外投资中的政策法律风险为例。

表 6－1　　境外投资中的政策法律风险

上级风险	下级风险	风险事项
政策法律风险	关税和市场准入风险	合同权利义务不对等，对自身约束条件过多，导致己方被动
	股权风险	合同相对方存在经济实力不足、监管不佳等因素可能影响合同履行

① 李飞（2012）的观点对本研究很有启发。

续表

上级风险	下级风险	风险事项
	合同风险	合同变更未采用书面形式导致争议出现时无法提供有效证据
	知识产权纠纷风险	

资料来源：转引自李飞，2012，P148。

风险识别过程就是对企业的内外部环境再认识的过程。其次，风险分析是在风险识别的基础上，对所辨识出的企业所有风险进行定性、定量的分析，并且分析它们之间相互作用的关系，即分析描述风险发生的条件及可能性的大小。借助定性的归类分析和定量的风险指标测度，一方面我们可以对企业面临的各类风险的大小形成直观的认识；另一方面企业风险并不是孤立存在，不同风险之间存在相互作用关系，这些都需要我们借助风险的定性定量分析进行识别。最后，在风险分析结果的基础上，根据企业风险管理策略的要求，企业对所辨识出的所有风险价值进行评价，以及相应的风险管理作出有效性评价，即评估风险对影响企业实现目标程度、风险价值等等。也可以根据“二八”原理，对企业分类出关键性风险，即影响企业的经营和利润的主要风险；同时也可以归类出其他复杂的风险，尽管其风险种类繁多，但对企业经营的影响相对较弱，这有利于企业风险管理策略的制定和实施。

风险识别搭建了“六大类、三层级、多事项”的风险分类框架，即横向将一级风险分为战略风险、财务风险、市场风险、信用风险、操作运营风险、法律风险六大类，作为风险识别的基础，纵向分为一级、二级、三级风险三个层次，并对具体的风险事项进一步细化。

国内外学者依据不同的标准，按照信息分类法、企业内外环境差异、风险影响因素等来识别风险。国内外学者关于企业境外投资风险的分类研究成果很丰富。早期研究把企业的国际风险集中在东道国风险，分为交易风险和情景风险（Beamish & Banks，1987）。米勒（Miller，1992）指出，企业经营风险应该考虑一切不确定性因素，风险由内部和外部不确定性因素构成。PRS 集团（1992）的国家风险评估系统把国家风险分为政治风险、经济风险和金融风险。布朗德斯（Brouthers，1995）进一步拓展了前人研究，提出战略性国际风险的框架，将风险分为管理控制风险和市场复杂性风险两大类。苏博德和查希尔（Subodh & Zaheer，1998）从组织行为角度提出企业交易的三种不确定性风险，即基础不确定性、竞争不确定性和供给不确定性。安德森（Anderson，

1995）将国际风险分为环境系统性风险、决策风险和作业流程风险。鲁布克和西蒙（Robook & Simon，1982）将风险分为宏观风险和微观风险。国内学者许晖（2006，2010）把国际风险分为宏观、中观和微观风险。

国内学者近年来日益关注中国企业海外投资风险问题。王巍和张金杰（2007）认为国家风险包括经济风险、社会政治风险和自然风险；罗志松（2007）把东道国风险分为制度风险、产业分析和金融风险。

二、中国当前面临对外投资风险种类和特征

（一）政治风险

政治风险主要是指东道国国内政治环境的变化给外国投资者造成经济损失的可能性，或是由于东道国政府的行为而对当地经营的跨国企业及其经济利益产生负面影响的不确定性。主要包括市场准入风险、并购禁止与安全审查、政策变动风险、国有化风险（即财产性剥夺风险）、政局动荡和局部地区冲突的战争风险等，是我国企业境外投资面临的最大的风险。

由于政治风险经常是由于东道国政府为了达到某种政治目的而采取行动造成的，因此这类风险的不确定性、后果的严重性和应对措施的可选择性都明显区别于一般性市场因素的商业风险，具有复杂性和不可预测性的特点。

导致政治风险的因素主要有：（1）政府政策风险。包括东道国政策反复多变，如税收政策的变动、优惠政策的取消、货币制度改革等；各类限制性政策出台，如价格管制、市场限制、外汇管制、劳工限制等；政府违约，如限制利润或资本汇回母国，对境外投资者的财产实行国有化或征用而不能提供合理的补偿。（2）东道国政局不稳定。由于政权频繁更替、党派纷争和国内战争等原因，引起东道国政局动荡和经济不稳定。（3）社会不稳定。由于东道国社会民族多元化、种族歧视、宗教冲突等各种矛盾摩擦所引起的社会动乱、暴乱及恐怖活动。一旦社会动乱发生，境外投资者往往成为首要的袭击目标，从而对投资者的人身和财产安全构成巨大威胁。

防控思路：国家/政府层面、企业层面；国家外交层面、政府协调层面、项目运转、对外沟通层面；加强投资项目的科学决策，选择安全区位投资、设立风险评估模型预警和监测、投资策略构筑风控基础、当地化策略减少摩擦；

发挥比较优势积极主动适应东道国经济政策调整。

（二）制度风险

制度风险主要是指由制度、体制、机制等因素导致的风险，对境外投资企业和母国而言，具体包括管控制度风险、国有资产体制风险、监管制度风险、法规制度风险、投资布局风险、投资体制风险等。从东道国的视角来看，有的研究对东道国的腐败程度、法制水平及政治风险3个维度进行测度，并将测度结果作为制度质量来衡量制度风险。

蒋长流（2005）研究认为制度风险是制约我国海外投资事业健康发展的深层次的核心问题。

防控思路：企业应根据自身的行业特征、规模、风险承受能力选择境外投资的路径；发展与沿线国家的双边投资协定和双边外交关系；建立多边投资担保机制。

（1）专利风险（知识产权风险）是指境外投资企业由于对东道国相关专利制度规则不熟悉而引发的经济损失甚至诉讼的可能性。

表现形式有地域性专利风险、海外参展的、专利构筑的非关税壁垒、海关过境查扣。产生专利风险原因在于不熟悉海外专利制度和规则，无视各国和各地区的专利制度差异。

防控思路：树立专利风险意识；完善应对风险措施-设置专利预警机制、建立专利检索制度、充分利用专利制度、积极应诉专利侵权指控；行业协会作用；自主创新是根本。

（2）涉税风险主要指企业境外投资在税务领域遭受损失的不确定性（李旭红2013）。发生此风险的原因在于：①国家政策引导、支持和保护力度不够；②东道国政局不稳、法制不健全；③企业自身准备不足重技术轻税务缺预警体系；④合作方或中介机构诚信度及能力不够。会受到税制重复、管辖权问题，税收障碍等因素的影响，表现为在东道国重复纳税、资金回流困难甚至陷入诉讼泥潭等。

防控思路：建立一整套有利于防范税务风险的机制（东道国与母国的发现性控制机制）；培养国际化专业人才；有效协调国内外税收体系的差异4海外合同管理。

（3）法律风险，是指企业在经营中未按照法律规定或合同约定行使权利、履行义务、疏于法律审查、逃避法律监管所造成的经济纠纷和涉诉给企业带来已发生或潜在的重大经济损失，表现为对东道国法制健全程度、法律体系熟悉程度和诉讼成本等。

（4）文化风险。从新制度经济学的视角看，文化属于非正式制度，且是最重要的非正式制度。中国企业境外投资必然伴随着不同国家和地区的文化的交流、融合与碰撞，文化差异对跨国公司会产生深远的影响。除了来自不同国家的员工在宗教信仰、价值观、思维模式和行为方式不一样以外，从企业管理制度来看，中外企业在经营理念、决策程序、营销方式和激励机制等方面都存在着较大的差异。中国跨国公司必须要重视文化风险，否则将会引起文化冲突，影响企业并购后的整合和经营效率。事实上，并购后的文化整合能力是决定并购能否真正成功的关键因素，大量的中国企业海外并购案最终失败，大部分原因来自于漫长的整合过程。

聂名华、颜晓晖（2007）的研究提出，文化风险是指因投资母国与东道国在语言、风俗习惯、价值观、宗教信仰等方面的差异而给境外直接投资活动带来的不确定性和负面效应。这些差异主要体现在以下三方面：（1）东道国与母国在商业习惯、商业规则及消费习惯、偏好等方面存在很大的差异。唐恩（Dunn）认为，当跨国公司在海外投资时，如果对东道国的文化以及商业习惯、规则等不了解，就可能面临较大的风险。（2）语言障碍。同样的词语在不同的语种中可能有不同的含义，这会给有效沟通造成困难，容易导致误解，从而增加商务成本，降低运营效率。（3）东道国民族主义倾向严重，种族歧视和宗教冲突造成各民族之间关系紧张。另外，贪污腐败和裙带关系的广泛存在也会对境外直接投资活动造成不利影响。

（三）金融风险

企业境外投资面临的金融风险是指由于企业境外融资渠道有限，受到汇率波动及汇兑限制（外汇管制）等而产生的经济等利益损失。

产生金融风险的原因在于金融国际化程度低、金融市场和金融机构风险分担功能弱；非银行类金融机构能力弱；外汇管理和汇兑环节繁琐；政策性金融及其风险分担补偿机制欠缺。

融资风险和汇率风险都属于金融风险的范畴。

境外融资风险是主要是指境外投资企业日常经营当中的融资渠道有限等因素，导致的资金短缺，此风险较普遍存在。究其原因主要在于：企业日常运作中融资渠道主要是当地银行融资、全球授信、应收贴现 3 种途径（李明昌，

2005），受到融资约束和融资抑制，相对于国内融资渠道来说，企业境外投资融资渠道较为狭窄；二是企业对国际融资环境的研究和重视不足，对国际融资环境还不熟悉利用国际融资的能力不强；三是我国对境外投资企业的支持力度不够，比如不完善的国内金融市场无法形成为海外企业输血的融资机制，政府没有建立完善的融资支持以及便利化服务体系等。

防控思路：（1）拓宽企业融资渠道，发展多种形式的融资工具，分散风险（发展供应链融资、政策性金融、离岸人民币债券、项目融资平台等多种融资形式）；（2）扩大政策性保险业务的覆盖范围分散风险；（3）构建多层次融资风险分担机制，服务“走出去”战略。

汇率风险是指境外投资企业在投资、贸易、服务等对外交易业务过程当中涉及的多国货币计价、结算、多国外汇管理政策及货币资金跨界流动等因素导致投资主体蒙受经济损失的可能性；由于汇率变动导致投资企业的资本、收益的变化风险。近年来人民币汇率制度的改革使中国跨国公司境外投资面临着较大的外汇风险，其种类主要包括：（1）交易风险，即企业在交割、清算债权债务时因汇率变动而可能发生损益。（2）折算风险。跨国公司合并财务报表时，汇率不断变动会造成会计账面损益。（3）经济风险。汇率变动使企业在将来特定时期的收益可能发生变化，收益变化幅度的大小主要取决于汇率变动对企业产品数量、价格成本可能产生影响的程度。产生原因主要是：国际经济形势决定了外汇币值的稳定性；地缘政治的角力和不同文明间的冲突导致部分国家政治经济形势改变，则币值改变；东道国外汇管制（不允许兑换自由外币汇出）。

防控思路：加强对投资重点国家和地区的政策研判为我国企业“走出去”提供信息咨询保障韩振海、袁莹（2013）；（1）风管基石—明确的管理原则（成本控制而非盈利）和完善的内部风险控制机制；（2）实时关注国际形势对金融市场影响，合理使用各类金融工具控制风险；（3）恰当选择交易结算币种；（4）通过外汇差异调整机制与交易对手共担外汇风险（合同中引入汇率与签约汇率）；（5）保险（出口信用保险公司、世行下国际多边担保机构 MIGA）；（6）资金预算与计划管理－合理控制境外资金规模（杨天福 2013）。

金融风险防控思路：（1）构建“三位一体”金融风险分担机制设想－事前、事中、事后；全球性、区域性、国别性。（2）完善跨国经营风险管理制度。（3）加快金融国际化步伐。

（四）安全风险

安全风险主要包括恐怖主义威胁、疫病和其他人身威胁（刘宏 2010）；安全风险包括国际形势变化带来的地区政治安全风险，长期影响地区经济和社会发展的各种非传统安全风险。（卢国学 2015，此文把政治风险归入安全风险）。

产生安全风险的原因在于：（1）殖民主义余毒使得新兴经济体对战前跨国公司掠夺记忆犹存，产生排斥拒绝；（2）东道国的民族主义经济政策和激进运动等、不稳定威胁他国投资；（3）地缘政治环境变化冲击；（4）国际上应对非传统安全威胁的公共产品与有效的合作机制严重欠缺。表现形式包括恐怖主义威胁、疫病和其他人身威胁。恐怖主义、武器扩散、跨国犯罪、走私贩毒和非法移民、海盗等非传统安全威胁之外，本地区还长期面临经济及金融、生态环境、地质灾害、资源能源、信息通讯以及公共卫生等方面的安全威胁。

防控思路：（1）培育合作理念；（2）加强大国之间的协调与沟通，增强政治互信（政治互信问题最根本）；（3）用经济、法律手段应对企业面临的经济风险。（4）以国企带动民企，因地制宜、有针对性地选择进入国际市场的模式。（5）以非传统安全合作为突破口，化解境外投资过程中的安全风险。

境外投资保护风险主要是指企业境外投资因缺乏相应的保护而产生的安全隐忧。如果母国缺乏对企业境外投资的保护制度，那么境外投资企业除了要承担东道国的商业风险外，还要承担政治风险。一方面由于我国对境外投资缺乏整体战略和行业指导，使得我国企业境外投资时存在一定的盲目性和无序性；另一方面由于没有合理的投资保护协定，也使得企业因东道国政治风险遭受的境外投资损失得不到补偿，从而增加了企业境外投资的安全隐忧。

（五）决策风险

决策风险是企业境外投资过程面临的最重要的商业风险①。

企业境外投资过程中，正确的决策对企业实现目标至关重要，因此得考虑决策风险。我国企业境外投资决策风险主要表现为：（1）决策盲目，没有建立必要的决策风险分析和控制程序。决策程序通常是根据确定的目标，制定多个备选方案，然后评估各个方案的风险和收益，根据风险评估的结果选定决策方案，否则很难保证决策的正确性与科学性。（2）决策实施过程失控，缺乏事中的监督和控制程序。许多境外投资企业没有建立相配套的事中监督和控制程序，不能保证决策按照预先的计划和方案正确实施，在决策环境和企业具体情况发生变化时，没有及时的补救措施，致使投资风险进一步恶化。

---

① 商业风险主要是 2 种，投资决策风险和财务风险。

（六）环境风险

环境风险是指东道国对环境保护责任的要求强度（刘宏 2010）；中国企业境外投资行为，因在环境标准、环境管理和保护意识等方面与东道国的差异，或自身不重视引发环境问题处理不利而导致的风险。

产生此风险的根源在于国家政府层面表现为缺乏相应的对外投资配套的环境法律法规或指导意见，地方政府和企业层面表现为片面强调短期经济利益而忽视环境保护。资源类投资的环境敏感度高。

表现形式为对环境影响问题重视不够、措施不全、约束不力。（1）对企业环境监管不到位；（2）投资地区和行业不平衡，导致局部环境问题突出；（3）对外投资企业对环境保护投入严重不足（因主体规模和资金量小，低于发展中 MYM450 万水平）。

导致的严重后果东道国拒绝中国企业投资，特别是资源开采类投资。

防控思路：（1）完善对外投资的环境相关法律体系；（2）建立对外投资的环境影响评价与绿色信贷制度；（3）极开展环境培训，培养高素质的跨国环境管理人才；（4）搭建对外投资绿色信息平台，提高“走出去”企业环境管理能力和效率；（5）建设对外投资政策服务支持平台（提供环境信息支持）。

三、中国企业对外投资风险评价

风险评价一般是指对投资所面临的各种风险发生的可能性和风险发生造成损失的程度和范围进行测度。境外投资风险评价也是这样进行。

风险评价是在风险规划、识别和估计的基础上，通过建立系统的风险评价模型，对风险因素的影响进行综合分析，并估算出各个风险因素发生的概率及其可能到瓯子的损失大学，从而确定投资项目的整体风险水平，为风险决策和风险管理提供科学依据，以确保投资方案的顺利进行（Moran，1998，转引自颜晓晖，2007）。

投资风险进行综合评价常用的方法有层次分析法、模糊综合评价、故障树分析法、外推法和蒙托卡罗模拟法。

基于可能性理论的模糊综合评价法适合于评估随机性和模糊性较高的风险因素和项目，可以更准确地反映风险状态的本质和整体发展的变化特性，因此用于评价境外投资风险。模糊综合评价就是模糊数学理论在实际工作中，特别是在风险管理中的一种应用方式。它通过综合境外直接投资的风险因素，引入模糊数学理论，建立境外直接投资风险因子的模糊集合、风险性质的隶属函数和评价风险因子的模糊矩阵，对境外直接投资风险进行模糊综合评价，以便为境外投资者进行风险管理与控制提供科学依据。

根据风险管理的实际需要，设立境外投资风险评价因素集合（当中主因素集合子因素集），把境外投资风险划分为5个等级，即为“高、较高、一般、较低、低”。

评价指标的设置尽量做到细致和客观，将定性描述用定量化指标表达。其次，评价过程中，综合采用层次分析法（AHP）、问卷调查法和专家意见法，确定评价指标权重。最后，在评分过程中，通过各统计年鉴的数据和描述及有关企业访谈资料，从东道国视角和现实情境方面对各指标进行评分，得出东道国投资风险评价结果。

风险评价模式/体系。首先对中国企业境外投资的风险因素和风险来源进行识别，构建对外投资的风险评价指标体系，确定评价指标权重，包括政治风险、金融风险、环境风险、文化风险、投资决策风险等。

风险评价指数采用定性分析与定量分析综合得出，并依据分值由低到高排序。风险值越低，反映东道国投资风险较低；反之，风险值越高，投资风险越大。根据投资风险指数，绘制风险雷达图。风险雷达图包括8个区域，每个区域代表该维度的风险及风险程度也由大到小发生变化（张友棠，2013）。在风险评价综合指数的基础上，利用风险雷达图对东道国投资风险进行定位。

依据科学性、目的性和实用性原则，构建一套合理的风险评价指标体系和评价模型，拟采用层次分析法和模糊评价法相结合对企业所面临的整体风险进行综合评价。把中国企业境外投资会遭遇的风险分为宏观环境风险、中观环境风险（行业环境风险）和微观企业风险（企业内部风险），设立一套风险评价指标体系，采用层次分析法（AHP）和模糊评价法的集成，利用最大隶属度原则可以得到该风险系统的水平为“很高”、“较高”、“一般”、“较低”和“很低”，评价结果可以反映企业面临的境外投资风险程度。

有的研究是设置一个“六大类、三层级、多事项”的风险分类框架，即横向把一级风险分为战略风险、财务风险、市场风险、信用风险、操作运营风险、法律风险六大类，作为风险识别的基础，纵向分为一级、二级、三级风险三个层次，并对具体的风险事项进一步细化。

评估指标：

1. 政治风险评估指标——世界和平指数

与境内企业经营相比，企业境外投资面临更高的政治风险，这种高风险性主要表现在以下几个方面：第一，境外投资专注于投向资源密集地，这是我国境外投资战略布局的核心特征所在。而世界资源密集地大多分布在非洲、中东和南美等地。在所有能源中，中国最缺乏的是石油，而石油的密集地多在政治局势不稳定的非洲和中东地区。我国境外企业投资行为的特殊性从根本上确定了与其他企业经营相比，企业境外投资面临更高的政治风险。第二，从企业属性来看，能源是我国国民经济发展的支柱型产业，是政府实施宏观经济调控的重要抓手。由于国企境外投资行为在很大程度上带有国家经营和政府行为的影子，因此，在进行境外投资时，与民营企业相比，其面临更高的政治壁垒，容易造成企业行为政治化的倾向。

我国境外企业集团投资面临的政治风险主要包含投资审核、政局动荡、政策变更以及自然灾害等风险。其中，投资审核风险主要指境外投资企业参与或组织的海外投资项目无法获得当地政府批准的风险，这是境外投资政治风险中的第一层风险。针对投资审核的风险，一般境外投资企业可以借助前期的调研分析和政府层面的合作沟通得到有效化解。政局动荡和政策变更是政治风险中最典型和最具影响力的风险。缘于国际社会对能源的强烈需求以及能源供给的相对短缺，世界资源密集地总是国际纠纷的高发地段。内战、混乱和游行不绝于耳，政局动荡所造成的项目中断和停止是我国境外投资企业集团面临的最常见的政治风险，在年利比亚政治动乱中，我国境外投资企业由于项目中断而造成的相应损失便逾数十亿美元，政治风险得到了充分体现。

国际意义上，测度政治风险常用的指标有世界和平指数、政治风险扩散指数等。由总部位于澳大利亚的国际研究机构“经济和平研究所”每年公布一次，数值为，指数越高表示的和平程度越低，相应的政治风险越高。该指数对国内外争端、恐怖袭击危险性、人权状况、政治稳定性等个项目进行了量化排序，进而在整体上对政治风险的高低进行测度。在测度境外投资企业面临的风险高低时，可以采取该指标数值进行衡量。

2. 金融风险指标——汇率

境外投资面临的第二大风险便是金融风险，此种金融风险呈现出以下两个差异化特征。首先，与一般企业的境内经营相比，国企境外投资面临更高的金融风险，一方面是由于面临东道国的利率、股票等价格风险，另一方面还面临汇率风险。其次，随着国际金融的发展，以能源和贵金属为基础的金融衍生品成为企业进行境外投资的重要对冲工具。金融衍生品所具备的高杠杆性和高风险性进一步加剧了金融风险的危害程度。

综合而言，中国企业境外投资面临的金融风险主要指利率风险和汇率风险，其中前者决定了境外投资资产在东道国的保值性；后者决定了投资资产价值的可兑换性。在资源密集的非洲、中东等地区，政治动乱等因素导致的物价飞涨和通货膨胀带来了极大的潜在利率风险，不利于企业在东道国投资行为的正常开展。更为重要的是，东道国政治不稳定所带来的货币承兑风险将使得投资资产完全无法变现。在衡量金融风险的指标中，常用的有波动指数、利率、汇率的波动率等等。其中，前者借助对资本市场整体稳定水平的测度来反映金融风险，这在金融市场较发达的地区非常有效。利率作为衡量政府发债成本的直接指标，在某种程度上是政治和经济风险的综合测度指标，一般适用于主权债券市场较发达的国家。汇率波动性指标反映了在国际货币市场上，一国货币的保值程度和稳定程度，与该国采取的汇率政策以及国际市场对该国的货币预期直接相关。结合中央企业境外投资的行为分析，其大多集中在非洲、中东等能源资源国，这些国家或地区的金融市场往往不太发达，基于指数的衡量难以有效的测度该国的金融风险；更为重要的是，不发达的金融市场往往会使得对应的指数出现较大的误差。另一方面，能源国家的财政往往都是财政盈余结构，是全球石油美元的重要聚集地，对应国家的市场并不发达，借助利率的高低无法有效测度出金融风险的高低。比较而言，汇率指标是所有参与国际货币市场的国家均普遍使用的指标，我们可以选取汇率指标的变动性和该国货币与美元之间的汇率关联作为测度指标，这样，一方面能够直接反映货币的可承兑性问题，另一方面相应的数据也容易获得。

3. 法律风险指标——社会治理属性

法律风险是中国企业境外投资面临的主要风险之一，随着组织契约关系的确定以及社会契约化发展，基于契约的法律环节已经成为企业经营中必不可少的一个重要环节。

法律风险对中国企业境外投资与国际化经营的影响主要表现在以下几个方面：其一，在宏观层次上，法律风险主要指东道国的法律环境以及相应的法律效率；其二，在微观层次上，法律风险主要指企业合同、合规以及知识产权纠纷等；其三，与境内企业相比，企业境外经营同时面临两类法律条规的监管，其海外子公司一方面受东道国法律的影响，另一方面子公司还受其所在母公司的相应法律法规影响。

测度一个地区法律风险常用的指标有诉讼时间长短、法院的执行效率、社会的治理属性等。其中，诉讼处理的时间越快表示在相应的合约处理上效率更高，法律风险更低，法院的执行效率越高相应的法律风险更低。当社会属于法制社会，相应的法律风险较低，在宗教文化主导下社会中法制的引导空间极为有限，相应的法律风险更高。由于我国境外投资企业大多集中在宗教文化盛行的中东和非洲地区，社会的法制建设相对不完善，一方面面临双边协定与合同签署风险，另一方面面临更高的法律执行风险。政局的不稳定使得宏观层面的法律风险较高，社会居民宗教主导的文化理念使得法制意识较弱，相应的违约问题也较为常见。综合境外投资企业的基本属性，在诉讼时间、法院执行效率和社会治理属性等方面，我们发现社会治理属性是相对有效的衡量指标，因为前两个指标需要以相对健全的法制体制为基础，在社会治理属性指标的处理上，根据各个社会是否属于法制社会进行相应的赋值。

四、防控建议

（一）完善境外投资协调机制

完善境外投资协调机制，充分发挥政府的监督、管理、服务、保护作用。一般而言，境外投资企业的发展离不开政府的支持，它既包括政府对企业经营的监管，也包括向企业提供信息情报、技术支持、外汇管理、专项资金、税收优惠等服务措施，还包括对境外投资实行保护，因为企业到境外投资除了面临国内投资遇到的正常生产经营风险之外，还面临着东道国的政治壁垒、经济壁垒等。

境外投资协调机制框架有四部分组成：管理协调机制、监督协调机制、投资服务机制、投资保护机制。（1）境外投资的管理协调机制是指政府对境外投资管理的职能分工、审批管理、外汇管理和税收管理等。建立管理协调机制应重点考虑解决多头管理的问题，要改革现有的行政审批制度，简化审批手续，特别对于境外投资的大型优势企业，应赋予其更大的境外投资自主权，促进企业的快速发展。（2）境外投资的监督协调机制是指政府对境外国有资产的监督，即在国有大中型企业所有者和经营者之间建立必要的约束机制和激励机制，使境内投资主体和其境外投资企业的负责人能对境外企业经营和管理承担相应的权利、义务与责任，保证企业所有者和利益相关者的根本利益。建立监督协调机制应重点考虑建立风险预警机制，制定相关的统计和评价制度，全面、准确、及时地反映我国对外直接投资的全貌，从而政府准确分析境外投资发展趋势，对境外投资活动进行有效监管。此外，还应考虑建立国内外有关行业组织以加强行业自律等。（3）境外投资服务机制是指政府对本国投资者在境外投资时提供的包括信息提供、技术帮助、方向指导和资金支持等措施体系。建立境外投资服务机制应重点考虑明确海外投资产业导向，构建政府资金支持体系和服务体系，避免企业“走出去”的盲目性。（4）境外投资保护机制是指政府对本国投资者在境外投资可能遇到的非商业性风险提供的保护措施体系。建立投资保护机制应重点考虑以下内容：通过国内立法确定境外投资的合法地位；通过签订国际多边、双边或区域投资保护协定从而保障本国企业境外投资的安全；通过建立境外投资保险制度从而提供政治风险保障机制；通过为境外投资提供融资的机构出具经济担保的手段，解决境外企业融资难问题。只有建立境外投资保护机制，才能为企业的境外投资保驾护航，推动企业“走出去”战略的有效实施。

（二）健全境外投资风险预警系统

风险预警系统作为一种前馈控制系统，能够发挥检测、识别、报警、预先控制的功能，及早发现投资风险信号。其运行过程分为如下4步：（1）监测。大多数风险都是可以预测的，它有一个从潜伏到爆发，从量变到质变的过程，风险预警的监测程序就是对风险表现和要素进行连续的追踪，以便及时掌握风险走向的第一手材料。需要指出的是，监测并不是对企业现象包罗万象的检测，它的目标应该非常明确，监测的终极对象就是风险；监测选用的程序和方法应当及时而灵敏地反映出风险的变化；监测获得的信息并不是越多越好，因为监测信息越多，越易使主要问题不突出，并且信息越多越复杂，获取信息的费用就越高，筛选和处理信息的费用也会越多，所以监测系统应该讲究成本效益原则，以尽量小的支出获取最有用的信息。（2）识别。该程序可以帮助管理者对监测得到的信息进行鉴别、分类和初步分析，使其更有条理、更突出地反映出风险的变化。应指出的是，由于监测到的大量的基础信息，既包含有用的真实信息，同时又不可避免地混杂着大量的误导性的错误信息和失真信息。通过鉴别程序可以对信息进行检查过滤，剔除其中的误导性信息，找出能反映风险的有用的真实信息；此外，预警依赖于监测，监测离不开指标。建立识别系统的关键是确定预报警情的指标体系，以观察境外投资是否存在风险的隐患。（3）报警。在设计好预警系统警情指标后，该系统考虑的关键问题便是如何根据预警指标的变化，来预报警情、确定警度。该程序的基本任务：一是分析警兆。企业在警情爆发之前，总有一定的先兆，即警兆。风险预警系统就是要借助于财务指标的变化趋势分析，结合一定的经验和方法，确定是否出现警兆，从而作出下一步决策方案。二是预报警度。预报警度是预警的根本目的，根据警兆的变化状况，联系警情的警界区间，参照警度评价标准，并结合实际或未来情况来修正，从而预警实际警情的严重程度。三是寻找警源。警源是风险形成的原因，是产生风险警报的根源，是实施预控对策的前提。在进行预警警源分析时，应注意根据预警对象的特点和变化规律，监测预警对象、确定警源。（4）预控。风险预控程序是一种有计划、有步骤、有目标的行动，它有预知和计划，有明确的行动目标和方向，它是预先制定好的各种风险的处理计划和方案。比如，就境外投资管理协调机制而言，其风险预控方案应充分考虑：如何提高境外投资审批效率，有条件地放宽对境外投资的管制，为国内优势企业"走出去"投资创造便利条件；如何合理制定一部调整对外投资基本关系的专门法律，内容包括从对外投资项目的审批、事后监管，到对外投资的促进、服务措施等，从而有效防范管理协调机制运行中的风险警报，提高政府对境外投资的宏观管理水平。

（三）构建集成风险管理模式

1992年，肯特·米勒（Kent Miller）首先提出集成风险管理（integrated risk management，IRM）的理念。他认为在国际贸易中存在着各种风险，这些风险之间往往存在较高的相关性。传统的风险管理方法无法消除各种风险和风险的相关性，因此，企业必须建立集成风险管理体系，对企业所面临的风险进行全面系统地考虑，并对风险进行优化组合配置。

IRM是由企业董事会、管理当局和其他人员实施，应用于企业战略制定并贯穿于企业的各种经营活动中；它被设计用于识别可能会影响企业价值的潜在重大风险，根据组织的具体情况提供一个风险管理框架，为组织目标的实现提供合理保证①。

① 作为国际风险管理领域的重要组织—美国发起人委员会（The Committee of Sponsoring Organization of the Treadway Commission，COSO）对集成风险管理作出的描述。

该框架认为集成风险管理的实施包括三个方面：企业目标、企业的各个层级和集成风险管理要素。企业目标包括战略目标、经营目标和报告目标；企业的各个层级包括高级管理层、各职能部门、各分支机构和各条业务线；集成风险管理要素包括目标设定、事件识别、风险评估、风险对策、控制活动、信息和交流、监控。其中企业目标居于主导地位。集成风险管理特点如下：（1）集成风险管理目标要与企业发展战略相融合，在企业内部实行风险的层次性控制，强调全员参与，形成风险管理文化。（2）强调前瞻性，必须随时关注企业面临的内外部现实环境的变化和企业经营过程中的不确定性，在风险事件产生负面效应之前，实施各种控制手段及时控制和降低风险。

第七章

中国企业对外投资的经营理念和责任文化提升研究

一、问题提出与逻辑

随着外向型经济的不断发展，中国企业的国际化已经从最初的单一的产品国际化转向产品国际化和企业组织形态国际化并进的势态。在国际市场上，除了已经发展迅猛并让世人惊叹的“中国制造”之外，中国企业的名称和徽标也开始不断出现在各个大洲。西方讨论的话题也开始从“中国产品来了”转向“中国人来了”。面对这种转变，我们迫切需要清楚地了解东道国是如何看待来自中国来的投资者，我们应该如何去争取东道国的接纳与认可。

企业进行海外投资所遇到的一个最普遍的问题是外来者劣势（liability of foreignness），即企业在国外经营时需要付出额外的成本。这一额外的成本主要来源于：母公司与子公司的空间距离；对当地经营环境不熟悉；东道国的国家主义（nationalism）；企业缺乏当地社会的认可等等（Mezias，2002；Zaheer，1995）。对于中国企业而言，除了面临这些普遍存在的外来者劣势之外，还要面对另一种劣势，即后来者劣势（later comer disadvantage）。这种后来者劣势来自两方面：第一，企业后来者的劣势。第二，国家后来者劣势（Wang et al.，2013）。这些劣势对于中国企业在海外的发展形成很大的挑战。这些挑战给我们提出了这样一个问题：中国企业应该注意些什么关键问题，采用什么策略以降低这些劣势的负面影响，以争取得到东道国社会的认可和接纳，并实现立足与发展?

通常企业选择向外扩张战略的主要的驱动力是外部市场能够给企业发展带来的好处，比如，战略资源和市场等等（Luo and Tung，2007）。在考虑这一战略的可行性时，多数企业所考虑的是企业本身所具备或者可以争取到的资源是否可以支撑向外扩张的行为，比如资金和人力资源等。但是在做这一战略决策时，往往忽略一个重要的问题，即企业及其产品有可能得不到东道国社会（包括消费者、分销商、供运商、政府及其他组织等）的接收和认可。这种被当地社会认可和接纳的过程在组织学里被称为合法性（legitimacy），对企业的生存和发展至关重要（Kostova & Zaheer，1999，Scott 2008）。

合法性来源于两个层面，第一，当地社会对该企业及其产品的认知。第二，当地社会对同类企业及其产品的认知。中国企业的国际化还处于起步阶段，属于后来者。尽管中国制造的产品随处可见，但真正属于中国自己的品牌的产品并不多见，中国企业也并不为世人熟知。因此第一层面的认知是十分有限的。在此情况下，东道国社会对中国企业认知来源主要是对中国企业和中国产品的总体印象。因而东道国社会对母国的总体印象，即母国形象，会直接影响对中国企业的判断。这种的影响通常被称为来源国效应或母国效应。西方文献里一个比较认同的观点是：一个国家的发展水平影响这个国家的产品和企业在国外被接收程度。如果从纯经济学的观点出发，一个国家的经济发展水平越高，其企业和产品越容易被认可和接纳（Moeller et al.，2013,）。如果这一命题成立，中国作为一个发展中国家，其企业及产品被认可和接纳的程度会比较低。这就引出了本项目的中心研究问题：母国形象如何影响中国企业在国外被接纳的程度（即合法性的获得）？中国企业如何克服负面的母国效应？为了回答这两个问题，我们需要对不同地区和不同产业的母国效应的机理和表现进行比较研究，同时也需要对企业层面的特征对母国效应的调节作用进行分析。

合法性与企业经营理念及责任文化紧密相关。政府如何更好的运用政策手段引导中国对外投资企业转变企业经营理念，引导中国对外投资企业构建“新常态”下的企业社会责任制度成为现阶段所必须面对的难题。在中国对外投资企业持续“走出去”的过程中，尽管华为、联想等少数企业凭借企业经营理念调整和自身技术积累等方式较好地融入全球产业链当中，但是这些企业仍需面对诸如“中国政府代言人”等言论的困扰。针对这一困扰中国对外投资企业的问题，已有研究普遍只从企业外来者特质视角（Wu & Lin，2010；Yu Kim，2013）或是企业社会责任视角（Sheth & Babiak，2010；陈宏辉和贾生华，2003；李正，2006；张旭等，2010）探究二者对于企业经营理念和责任文化的影响和作用机制，忽略了如何通过兼顾企业外来者特质和企业社会责任构建反映政府与企业互动的中国对外投资企业社会责任监督体系的研究。因此，本申请将在现有研究基础上，从政府、企业与社会的互动机制、行业特质、区位特质和所有权结构特质的视角，探究中国对外投资企业如何通过企业社会责任监管体系克服“兼容性问题”和“责任文化冲突”的困局，这将有助于从理论和实证角度回答企业如何协调政企关系、企业社会责任和企业外来者特质三者之间的关系以实现政府与对外投资企业之间、对外投资企业与东道国之间以及对外投资企业自身的三者互利共赢。因此，研究“新常态”下中国如何转变企业经营理念和承担企业社会责任以便谋求更好地融入全球价值链体系，具有重要的理论和应用价值。

从理论上来看，企业的竞争力与国家的发展水平有密切关系。包括中国在内的发展中国家，由于经济发展相对落后，国际化起步较晚，其“走出去”的企业被普遍认为具有所有者劣势（ownership disadvantage），比如，缺乏国际经营的经验和专业的管理人才，没有先进的技术与品牌，缺乏市场竞争力等等（Luo，2012；Wang et al.，2013），有的甚至怀疑企业带有政府意图，因此发展中国家的企业的母国形象并不是很好，它们在很多情况下面临一种负面的母国效应。因此从现有的国际经济学理论出发，这种负面的母国效应会严重阻碍发展中国家的企业的对外投资。然而事实表明，发展中国家的跨国公司在全球对外投资流量却在迅速增长，在全球对外投资的比例从21世纪初的12%增至2013年的39%（UNCTAD，2014），发展速度远远超过具有正面母国效应的发达国家企业。很显然，现有的理论和概念不足以解释现有的现象。本项目从母国效应和合法性两个概念出发，对这一现象进行探索性分析。尽管学者们已经认识到母国效应是影响企业合法性的一个重要的因素（Moeller et al.，2013），然而母国效应如何影响企业的合法化过程还仍是一个理论上需要进一步探讨的问题。本项目致力于研究母国形象对企业合法性的影响机制，包括母国形象对合法性的直接影响以及其他因素（东道国因素、产业和企业因素）对这一影响的调节作用。这对完善企业国际化和企业合法性领域的研究有积极的贡献。

二、社会关注与评价

关于“外来者劣势——企业经营理念”和“企业社会责任——责任文化”互动关系的研究已经有不少成果，从而为构建符合中国情境的具有可操作性和可执行性的政府与企业互动的相关政策体系提供相应的理论依据。

（一）外来者劣势的文献梳理

对于“企业经营理念——外来者劣势”之间机理的研究，现有研究普遍认为由于跨国企业的企业经营理念与东道国市场及非市场因素难以“完全兼容”，二者之间的互不兼容性所引发的企业外来者劣势则将对跨国企业产生不同的作用机制。已有关于“企业经营理念——外来者劣势”的文献主要集中从不熟悉障碍、企业合法性障碍和文化距离障碍三个维度视角解读外来者劣势对于跨国企业的路径和作用机制，研究的趋势也由“企业经营理念——外来者劣势”的理论性研究逐渐发展为探究外来者劣势对于跨国企业的不同影响机制的实证性研究。对于企业经营理念与不熟悉障碍之间的关系，学者主要从不熟悉障碍对于跨国企业绩效的直接影响机制分析（Alcantara & Hoshino，2012；Klossek et al.，2012；Wu & Lin，2010）和不熟悉障碍通过跨国企业自身特定优势（firm-specific advantages）的中介影响机制分析（Asmussen et al.，2009；Baik et al.，2013；White Ⅲ et al.，2012；Yu Kim，2013）两个方向展开。在不熟悉障碍对于跨国企业绩效的直接作用机制方面，大多数学者认为不熟悉障碍和跨国企业与本土企业合作经验的信息积累量呈反比关系（Wu & Lin，2010；杜晓君等，2014）。由于决定跨国企业对东道国（东道地区）投资与否是跨国企业投资意愿、跨国企业母国环境因素和东道国（东道地区）环境因素三方互动的产物，而跨国企业与本土企业合作经验的信息积累量将会成为决定三方互动结果的关键因素（Mariotti et al.，2014；Vahlne，2013）。与不熟悉障碍对于企业绩效的直接影响的结论不同，在不熟悉障碍通过跨国企业自身特定优势（firm-specific advantages）的中介机制方面，现有研究主要存在两种观点——增强论和阻碍论。支持不熟悉障碍增强论观点的学者主要认为：不熟悉障碍将会促使跨国企业根据其与东道国（东道地区）市场和非市场因素之间的环境特点优化企业原有的特定优势，从而进一步提高跨国企业在东道国（东道地区）的竞争力以提升企业绩效水平（Asmussen et al.，2009；White Ⅲ et al.，2012；王凤彬和石鸟云，2011；喻红阳，2012）。支持不熟悉障碍阻碍论观点的学者主要认为：由于跨国企业母国与东道国（东道地区）市场和非市场因素之间的环境特点的差异性，不熟悉障碍将会弱化跨国企业原有的企业自身优势，这将弱化企业特定优势对于跨国企业绩效的贡献水平（Baik et al.，2013；Yu & Kim，2013）。对于企业经营理念与企业合法性障碍之间的关系，大多数学者认为在跨国企业进入东道国的过程中将会倾向于遵循东道国（东道地区）

原有的“企业游戏规则”，从而降低跨国企业由跨国企业经营理念的差异特质所引发的合法性障碍（Boddewyn & Doh，2011；Elango，2009；Holburn & Zelner，2010；Kostova et al.，2008；Salomon & Wu，2012；杜晓君等，2014）。对于企业经营理念与文化距离障碍方面，大多数学者认为由于跨国企业母国文化和东道国（东道地区）文化在组织行为标准和认知行为标准方面存有不同程度的差别（Jensen，2010），而这种文化角度的差异性将会引发跨国企业与东道国（东道地区）利益相关者之间对于市场和非市场因素互动结果认知的差异（Moeller et al.，2013；Salomon & Wu，2012）。

（二）企业社会责任的关注

对于“企业社会责任——责任文化”之间机理的研究，现有研究普遍认为企业在国际化程度逐渐增大的同时将会逐渐增强建立承担企业社会责任的企业意识以缓解由于不同价值观所引发的责任文化意识冲突，保持和提升企业在国际化过程当中的长期绩效水平。对于“企业社会责任——责任文化”之间机理的研究，现有研究文献主要集中于企业战略管理、企业营销和企业经济效益三个方向展开。对于企业社会责任与企业战略之间的关系，学者主要从利益相关者角度切入且研究重点主要聚焦于本土企业在国内市场的企业战略行为（Galbreath，2009；Mishra & Suar，2010；Sheth & Babiak，2010；孟晓俊等，2010；沈洪涛等，2010；高汉祥和郑济孝，2010；张旭等，2010）和跨国企业在东道国市场的企业战略行为（Fortanier et al.，2011；Giffordet al.，2010；Kolk & van Tulder，2010；崔新健，2007；管亚梅，2014；盛斌和胡博，2008；赵雁海和姚烨，2013）两个方向展开。已有企业社会责任与本土企业在国内市场的企业战略行为主要从利益相关者角度出发，同时提出了企业在制定企业发展战略规划时需协调统一初级利益相关者（消费者、企业内部的管理者和员工以及战略合作伙伴）和二级利益相关者（政府、媒体、当地社区和非政府组织）之间的利益，以最终保证企业规划的顺利实施（Mishra & Suar，2010）。已有企业社会责任与跨国企业在东道国市场的企业战略行为主要延续本土企业社会责任的研究思路，相关学者认为跨国企业为克服制度距离压力保持与当地利益相关者之间的利益一致性，在跨国企业制定战略规划时应超越企业短期的经济利益，并加强跨国企业在东道国采购比重以更好地融入投资地区（Mishra & Suar，2010；Sheth & Babiak，2010；陈宏辉和贾生华，2003）。对于企业社会责任与企业营销之间的关系，学者的研究重点主要聚焦于消费者忠诚度对企业社会责任的影响机制研究。相关学者认为企业通过社会责任的形式在协调各方利益的同时，消费者利益的比重正逐渐上升且通过企业的社会责任评级的形式影响消费者的购买行为（d'Astous & Legendre 2009；Turker，2009），但现有相关研究的重点仍仅局限于单一维度因素对于消费者忠诚度的影响机制研究（Phole & Hittner，2008）。对于企业社会责任与企业经济效益之间的关系，学者主要聚焦于企业社会责任和企业经济效益之间双向直接路径和作用机制研究。已有研究发现企业履行企业社会责任的激励动机已由原有的企业盈利动机和法律法规要求过渡发展为企业的自发行为机制，但学者未能就企业社会责任与企业绩效之间的影响机制（正向效应、负向效应、曲线效应和零效应）形成相对统一一致的结论（Aribi & Gao，2011；Hassan & Harahap，2010；Rahman et al.，2012）。

三、评　　价

通过对相关研究的总结梳理，至少在以下方面值得深化分析。

第一，中国企业如何兼顾中国文化特点的企业经营理念和东道国市场及非市场因素特点的理论和实证检验。根据已有研究的深度和广度，现有研究仍着眼于企业外来者特质单一视角探究企业如何实现最优资源配置以提升企业在全球价值链当中的分工布局。迄今为止，尚未发现从中国和东道国市场及非市场因素的“兼容性”出发探索中国企业经营理念“包容性”的研究。

第二，如何通过政府和企业互动引导中国跨国投资企业通过建立企业社会责任系统以克服“文化冲突”的理论和实证检验。通过对已有文献的梳理发现，针对政府监督引导中国对外投资企业建立企业社会责任的政策体系和中国对外投资企业如何通过品牌战略、本土化战略、技术生态战略和文化距离优势等技术手段克服“文化冲突”的研究相对匮乏，迄今为止，尚未发现通过建立企业社会责任监管体系引导中国对外投资企业克服“文化冲突”的理论和实证研究。

四、相关理论分析

研究企业的海外经营理念和融入合法性涉及不同领域的研究。前人对企业责任和合法性（如，Scherer et al.，2013；Kostova & Zaheer，1999），母国效应（如，Wilcox，2015；Moeller et al.，2013；Ahmed and d'Astous，2008；Elango and Sethi，2007），外来者劣势（如，Chen et al.，2006），后来者劣势（如，Zimmerman and Zeitz，2002）等问题的研究与综述为本项目提供了坚实的基础。

由于企业责任和合法性的重要性，已经有大量的学者对企业责任和合法性进行过研究。与本项目相关的研究主要包括三个方面。第一，合法性对企业生存和发展的重要性。企业合法性的重要性主要在于它能帮助企业持续地获得资源和市场，如资本、技术、劳动力、管理者和消费者等等（Pfeffer and Salancik，1978；Zimmerman & Zeitz，2002；Aldrich and Fiol，1994）。已经有大量的研究肯定合法性是企业生存和发展的决定性因素（Kostova & Zaheer，1999；Meyer & Rowan，1977；Scott，1994）。第二，建立和保持合法性的途径与策略。萨奇曼（Suchman，1995）是合法性策略与制度研究的集大成者。后来的学者也对企业合法性的建立的各种途径和策略进行分析和总结（Palazzo and Scherer，2006；Zimmerman & Zeitz，2002；Scherer et al.，2013）。比如，针对跨国公司海外合法性的建立，谢勒等（Scherer et al.，2013）在前研究的基础上提出三类策略：同构适应战略（isomorphic adaptation strategy），战略性操作策略（the strategic manipulation strategy）和道德推理策略（strategy of moral reasoning）等。第三，影响企业合法性的因素。制度学理论将影响企业合法性的因素分为三类：环境制度因素（environment's institution）、组织（企业）特点（organization's characteristics）和合法化过程因素（legitimation process）（Hybels，1995；Kostova & Zaheer，1999）。这些研究为我们研究中国企业在海外建立合法性提供了很好的理论基础。但是过去的研究对母国形象与合法性的关系的研究还比较缺乏。因此本项目需要结合前人对母国效应研究的成果对研究内容进行合理设计。

母国形象在国际市场营销领域里得到长期和广泛的研究。母国形象是人们对母国的一个总体的印象和信任（Jaffe and Nebenzahl，2001）。这种总体认知受母国的文化、政治、经济和科技发展水平的影响（Desborde，1990）。国际市场营销学的研究已经证明产品原产国的形象是产品质量的一种象征，显著影响消费者对产品价值的判断和认可（Knight & Calantone，2000）。尽管本项目研究的对象不是产品而是企业，但国际市场营销学对母国形象研究的理论和方法给我们提供很好的研究基础。其中母国形象的多维研究方法尤其重要。经过多年的发展，市场学对母国形象的研究维度从单维转向多维。从研究层次来看，母国形象包括三个维度：国家总体形象、一般产品形象和特定种类的产品形象（Pereira，Hsu & Kundu，2005）。为了更好地解释和衡量母国形象，罗斯和迪亚曼托普洛斯（Roth and Diamantopoulos，2009）根据态度学（attitude theory）将母国形象分为感觉（perception）、情感（emotion）和取向（conation）三个维度，并提出从这三个角度对母国形象进行衡量。第一个维度衡量消费者对母国的信任；第二个维度衡量母国对消费者的情感价值；第三个维度衡量消费者对母国的行为取向。这种多维研究方法为本项目的方法设计提供了理论基础。

利益相关者理论（Stakeholder Theory）（Freeman，1984；Jensen，2002）为本项目的研究提供了一个比较有包容性的理论构架。这一理论的核心是道德原则和社会利益最大化（Jessen，2002；Luk et al.，2005）。该理论提倡企业管理者在作决策时不仅要考虑到股东（shareholder）的利益，同时要考虑到其他利益相关者（stakeholder）的利益。“走出去”的企业需要与新的运营环境中的利益相关者建立良好的关系。这些利益相关者包括内部相关者（如雇员、经理和投资者）和外部相关者（如消费者、分销商、供运商、政府和其他相关机构）。只有平衡了各种利益相关者的利益才可能真正被当地社会接纳并实现在东道国的可持续发展。本为课题以上面的研究为基础，建立一个系统的研究框架，分析母国效应与中国企业在投资当地合法性的关系以及影响这一关系的调节因素。以期为企业向外发展策略的制定提供理论依据。

第八章

中国企业对外投资的管治结构研究

一、问题与逻辑

我国自实施改革开放30余年来，伴随着解放和发展生产力的呼声，民营经济于此番大潮中逐步兴起并蓬勃发展起来，经过多年积累，民营企业的总体实力提升很大，自1999年中央决定实施“走出去”战略之后，涌现出大批民营企业进行对外投资，实施了国际化战略，其中相当一部分取得积极进展。这个过程当中有必要把“走出去”的民营企业与国有企业所具备的管治结构从多个方面进行比较，建立由管治结构内涵及目标、管治结构系统、管治结构实施经济后果等组成的企业对外投资管治结构理论框架，并进行实证检验，为管治结构今后能够继续为企业发展起到积极的作用，更重要的是对“新常态”下中国企业对外投资安全与收益研究做出原创性贡献。

公司治理和内部控制（即公司管理）是现代公司制企业成功经营的两块基石（胡晓明，2014）。中国公司对外投资的很多失败案如中海油竞购尤尼科（Unocal）案、中铝收购力拓案、江苏某光伏公司在德国的投资案从表面上看源于对触及了东道国的国家利益、对法律及当地风俗的不了解，但实际上是企业的战略决策出了问题（如果在收购之前，对交易事项是否涉及东道国的国家利益、相关法律、国际惯例和规则、文化差异、风俗习惯等进行深入了解，就不会做出错误的决策）。企业对外投资目标首先是保证“投资安全性”，然后是提高资本投资收益，应基于对外投资“投资安全性”目标，从公司治理和内部控制结构视角创新对外投资理论。已有成果对这方面的研究明显缺乏。

自2001年中国加入WTO以来，民营企业对外投资越来越多。在这十几年间，除华为、联想等少数企业的对外投资取得成功外，大多数企业如TCL等对外投资等都遭遇了失败。现代公司制企业的管治在中国企业境外投资成功或者失败的现状当中起到什么样的作用？现有成果对这方面缺乏研究，对于中国“走出去”战略的实施，对打算“走出去”的中国企业及政府相关部门制定“新常态”下的政策、措施帮助不大。在中国加快实施“走出去”战略的背景下，研究“新常态”下中国企业对外投资的管治结构具有重要的理论价值和应用价值。

二、企业境外投资的管治结构

（一）管治结构特点比较

已有研究表明，治理结构差异会影响着企业投资、融资、重大事项决策等方面的行为、能力并进而影响企业绩效。

民营企业在治理上与国有企业相比具有很多特点见表8-1。

表8-1　　国企与民企特点比较

	民营企业	国有企业
股权结构	股权结构呈现出明显的股权集中特征，前三大股东之间持股比例悬殊；多数民营上市公司除控股股东以外股东持股比例较小。此特征决定了民营上市公司属于典型的股权集中控制类型，外部并购治理机制很难对民营公司治理发生实质性影响	国有股权高度集中
内部治理	内部治理状况来看，股东与管理层高度一致在很大程度上缓解了内部人控制问题；监事会制度设置与股权结构的内在矛盾性，导致了监事会形同虚设，但独立董事制度对此缺陷起到了部分弥补作用	委托-代理问题突出，“内部人控制”问题较为严重；监事会多数来自部队转业干部，既缺乏专业知识和监管能力，也无驱动力进行

续表

	民营企业	国有企业
企业终极控制人	从企业终极控制人来看，实际控制人以单一自然人或家族控制为主，多个自然人制衡类型较为少见；实际控制人的控制结构较为简单，多层金字塔结构较为少见；实际控制人增强控制权的方法中仅仅存在金字塔结构，缺乏交叉持股、股权质押和多重投票权的增强控制权的方法；从实际控制人的违规状况来看，其违规行为的发生频率与其控制类型有着简单的对应关系	各级国资委作为各级别国有企业的终极控制人，对国有企业的控制表现为“管人、管事、管资产”①
实际控制权	实际控制人的绝对控制权较高，但由于增强控制权的方法单一，控制权与所有权的分离并不显著	
控股股东持股比例	民营上市公司控股股东持股比例较高	前3大股东持股份额高
股东是否管理层	股东与管理层高度一致，管理层大部分是作为职业经理人的身份出现和履职。委托－代理链条短，执行力度强	股东与管理层并非完全一致，管理层几乎完全是有组织部门任命的具有行政级别的政府官员。委托－代理链条长
控制权与所有权分离程度	控制权与所有权（现金流权）分离程度较低	控制权与所有权分离程度高，控制权属于管理层，所有权归属不清晰

资料来源：本文作者分析所得。

上述这些民营企业与国有企业的特点比较，构成了完善我国公司治理的生态环境和前提条件。因此，不能脱离这些现实而片面地评判股权集中、分散上市公司股权结构、主张限制控股股东的表决权以及倡导股东积极行动主义。上述民营企业治理表现出的特点都决定了民营企业“走出去”所需要管治结构、管治模式与其他企业不同，已有文献鲜有此方面的探讨，其作用机理与运行模式亟待研究。

① 既有的研究指出，尽管对国有企业的管治需要从“管企业”、“管资产”转变为“管资本”，而现实却表现为“管人”、“管干部”居多，当前经济放缓“新常态”的形势下再次把国有企业管治提到了关键的位置上。

（二）委托代理链比较

在公司治理研究中，最初的委托－代理模型的研究基本集中在公司个体层面上，理论上是一种封闭式模型，这种封闭型模型很难准确描述和反映境外投资企业的真实治理层次。目前的研究已经扩展到企业集团层面，关注的焦点是母公司的委托与子公司的代理关系，相对于单个公司内部的委托代理关系，企业集团委托－代理模型具有明显的开放型特点。但是，仍不能准确概括和分析经济全球化背景下的境外投资企业集团的公司治理问题。研究境外投资企业的管治必须突破单一的和集团式的企业组织范围，把代理问题从单体公司和国内范围扩展到国际上范围，即境外投资的企业管治不仅要突破企业边界，而且要突破企业国界，意味着委托代理链的延长。

只要存在所有权和经营权的分离，就会存在委托－代理关系。不仅在单体公司中存在委托代理关系，在境外投资企业管治当中也存在这种委托－代理关系，而且委托代理链条更长，委托代理关系更加复杂。

在境外投资企业管治中，委托代理关系更多地表现为投资国母公司与海外子公司的关系。海外子公司投资行为是在母公司运作下完成的，可以认定投资者是母公司，国内母公司给其海外的子公司提供资本金并希望得到投资回报。很显然，直接委托人是国内母公司，更具体地说是国内母公司的董事会，投资海外建立子公司，属于母公司的重大决策，是由母公司董事会集体讨论决定的。这种委托代理关系有别于单体公司，同时，应该看到母公司董事会作为委托人也不是最初委托人，董事会仍然是母公司股东之托，最初委托人是母公司股东。与单体公司代理链不同的是，境外投资企业集团的代理链是层叠式的，是在单体公司代理链的基础上又叠加了一层代理链。

对于单体公司和境外投资企业集团而言，股东虽同为初始委托人，但所起的作用有很大区别。在单体公司中，初始委托人（即股东）可以近距离关注公司，虽然也会存在信息不对称的问题，但了解一些公司的信息还是较为容易，也容易关注公司的具体运作。公司经营不善，股东可以及时采取用手投票或用脚投票的机制来重新安排公司治理，比如重组董事会，以致更换总经理。但在境外投资企业集团公司中，初始委托人（股东）距离海外子公司遥远，难以清晰观察和准确了解到海外子公司的内部运行情况。尤其是在资本市场欠发达的东道国或者海外子公司为非上市公司，海外子公司的经营业绩很难通过资本市场显示出来，资本市场的互相分割、相对封闭给国内母公司对海外子公司的外部监管带来了困难。相对于最初的委托人而言，境外投资企业集团的海外子公司代理人的界定比较容易。

如果总经理负责子公司整体运行，总经理及其带领的管理团队就作为海外子公司的代理人。在多重代理关系中存在两个董事会（境内母公司董事会和境外子公司董事会）。如果把境外子公司的董事会看成是委托人，那么境外子公司的管理层即作为代理人。如果境外子公司仅仅作为母公司长远发展的考虑而设立的，那么很可能境外子公司董事会没有实权，完全由母公司直接控制；如果境外子公司董事会具备很大的自主决策权，这时的母公司就类似一个遥远的外部股东，从而对子公司采取间接控制方式。

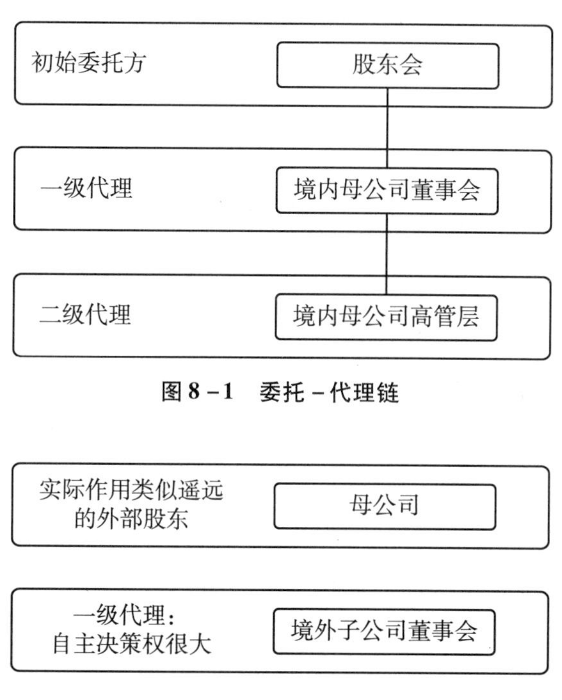

图 8－1　委托－代理链

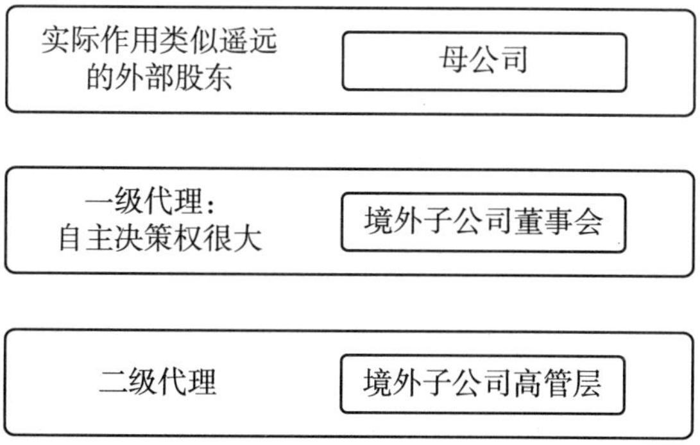

图 8－2　母公司对子公司的控制

（三）传导机制比较

境外投资企业集团的委托－代理行为使得传导机制更加复杂化。

在境外投资企业中由于代理链的进一步延伸，使得初始委托人监督海外子公司经理的行为变得更为困难，需要建立良好的传导机制来实施监督。如果假设单体公司的初始委托人（所有者）对经理人的行为能够有效监督，公司治理中不存在“内部人控制”现象。在这一假设下，产生一种有效的传导机制，即每一代理链条上的委托人都能对代理人的经营行为实施有效监督，当这些代理监督程序有效传递时，所有者（初始委托人）也就能真正达到了遥控海外经理人（最终代理人）行为的最终目标。这是逻辑推演下的一种理论上假设，在境外投资企业的实践中，经常会出现与假设完全相反的现象，即代理链不能有效传递。周新军（2006）认为如果代理链中任何一个链条发生故障，也就是代理链断链（委托人不能有效地监督代理人的行为），传导机制的有效性会遭到破坏。

境外投资企业集团公司组织结构是一个不断演进的过程，不同国家、不同时期的境外投资企业集团公司治理都有不同的模式，但组织结构上也有一些共同的表现，随着境外投资企业集团的发展，其组织结构也不断发生变化。本章第 1 节从理论上对境外投资企业集团公司组织结构形式细分了 5 种不同类型，在中国矿业境外投资企业的实践中比较常见的有国际部结构、产品部与国际部混合结构、地区部产品部与国际部混合结构。

三、境外管治结构特征分析

（一）治理环境及变迁管治的影响

母公司治理模式影响子公司治理状态，早期的海外公司致力可视为母公司治理在某种程度上在东道国的延伸。但是，由于海外子公司在东道国投资、生产与经营，海外公司的治理又必然会受到其所在东道国的社会文化、政治经济以及法律法规等制度环境以及环境变迁的影响。所以，海外公司又必然具有许多不同于国内母公司治理的特征。就整体制度环境的影响来看，法律法规的影响最大。因为法律法规直接影响到海外公司的治理结构。同时，社会文化环境也有十分重要的影响，社会文化环境影响着人们的价值观和行为方式。母公司在适应一些涉外法律法规并且随着国内政策环境、经济环境的变化而推进自身治理不断完善的同时，也会加快海外子公司治理的修正和完善。

（二）治理机制差异

境外投资企业集团的经营活动会涉及不同的东道国，其所投资的海外子公司治理机构要分别置于不同的国家之内，不同的东道国有不同的法律环境以及规则要求，所以，不同海外子公司的治理机制必然存在差异。境外投资企业集团会涉及到3个治理体系：第一，境外投资企业集团母公司的治理体系（母国法律所规范的治理体系）；第二，境外投资企业集团的海外子公司治理体系（东道国法律所规范的治理体系）；第三，境外投资企业集团母子公司治理体系（管控模式和集分权方式）。与单体公司管治相同的地方表现在，境外投资企业的管治也分为内部治理和外部治理，二者在公司治理中共同起作用。不同之处在于在境外投资企业的条件下，不同东道国的外部竞争市场的成熟程度、社会经济文化状况、法律法规会计规则等有较大差异。境外投资企业的海外子公司面临的是一个更为复杂多变甚至互相排斥的环境。境外投资企业中必然面临治理机制的差异性和复杂性。

（三）母公司管治模式主导

境外投资企业集团公司境外子公司模式演化的典型路径是：从集团母公司主导型到不完全治理型，最后演化为完全治理型。在“走出去”的初级阶段，境外子公司处于初创期，其治理模式的典型特征是国内母公司主导治理，表现为海外子公司治理结构简单，内部治理机制亦粗陋、简单，子公司运行主要依赖本国母公司的外部治理机制，此阶段，母公司主导的治理模式有其优势，也有其缺陷。优势主要体现为：董事会规模小且具有较高的运作效率，激励机制简单、明了，财务审计、监管相对来说容易到位。缺陷是这种管治模式不适应境外公司快速发展和规模扩大的需要。母公司主导型治理模式是高度集权化管控境外子公司的状态，会束缚海外子公司的主动性，如果国内母公司治理一旦缺位又会使境外子公司处于失控状态。因此，需要寻求一种能够使得母子公司相容的管治结构。

（四）企业管治结构三要素

从治理结构的视角来看，董事会能够对境外投资企业实施有效控制主要是通过3个手段，即高管薪酬、两职合一与董事会结构（董事会规模是影响董事会结构的重要因素）。对于中国民营企业而言，上市时间不过短短十几年，而进军国际市场更是刚刚起步，两职合一能够帮助企业建立统一的决策权，增强公司应对环境变化的反应力。在战略管理层面，两职合一也有利于加强董事会与管理层之间的联系，进行更多的信息沟通。企业开展“走出去”会加强“两职合一”在民营企业当中的趋势。

四、境外投资管治风险

（一）管治风险-利益相关者综合指标

狭义的管治风险即指公司治理风险，它是微观层次的主要风险之一。在现代股份制企业运行中，公司治理风险显得更加突出。公司治理风险包含公司治理主体风险、利益相关者风险、文化融合风险和企业社会责任风险等。其中，公司治理主体风险主要是指企业经营中面临的委托代理问题，如何借助激励约束机制的设计来改善信息不对称的程度成为消除主体风险的关键所在；利益相关者风险是指企业作为社会公民，其经营不仅与产业的上下游相关，而且包含内容更广泛的利益相关者，这包括企业员工、供应商、消费者、当地政府以及所在社区等，如何协调利益相关者之间的关系进而实现共赢是降低利益相关者风险的关键所在；文化融合风险是指企业经营、组织结构的设计以及信息沟通方式与当地文化之间的融合程度，当两者的差异性越大时，对应的文化风险越高；企业社会责任风险是指企业经营不能仅仅以利润为中心，更应注重与社会系统的良性互动，服务社会，像公民一样履行相应的社会责任，此类风险的高低与企业社会责任的履行程度直接相关。

中国企业境外投资面临上述四类典型的公司治理风险，委托代理问题的不可避免使得公司治理主体风险异常显著，利益相关者的利益均衡在政治不稳定的社会中显得更为困难，组织结构与文化的融资和阿拉伯国家或宗教国家面临多重障碍，企业社会责任风险直接关联到企业与当地社区的融合程度。比较而言，上述四类风险中，企业社会责任风险的影响程度相较低，中央企业可以借助社会捐赠、关注支持当地经济社会发展事业等措施，积极履行社会责任，避免相应的风险。测度公司治理风险的常用指标有激励机制的有效性以及企业在社区中的重要程度等。比较而言，结合中央企业的投资特征，本文采用利益相关者综合指数指标来衡量相应的公司治理风险。利益相关者综合指标包含个分指标，即员工指标、供应商指标、政府指标和社区指标，依据本地员工占总员工的比重、供应商的垄断程度、政府的行政效率以及社区的融合程度等进行测度，剔除消费者因素的影响，其原因在于我国中央企业境外投资较少涉及商业，多数为基础建设和资源能源行业，因此，相应的受消费者因素的影响较少，甚至可以忽略。

（二）营运风险－东道国属性指标

与企业组织结构方面的产权风险和公司治理风险相比，营运风险与企业日常的经营活动直接相关。由于企业经营包含战略和战术两个层次，相应的营运风险也分为战略层次的风险和战术层次的风险。其中，战略层次的风险包含企业经营定位风险、投资决策风险和资源配置的风险；战术层次的风险包含财务管理风险以及市场运营风险等。

中国企业境外投资的基本特征决定了他们同时面临战略、战术层次的双重风险，比较而言，战略层次的风险更加突出。比如在资源能源领域，由于资源能源是关系着各国经济社会发展、国计民生，乃至国家安全的重要行业，世界各国由此展开的争夺、占有和控制，愈加激烈。因此，在国际资源能源开发与利用上，我国中央企业实施“走出去”战略，既要坚持正确的战略取向，又要讲究策略与方式方法，这样才能达到我们的目标选择。

衡量企业营运风险的微观指标相对较多，如销售收益率，投资收益率以及市场占有率等等，但是这些与央企境外投资行为并不完全符合。由于战略层次的多变性和复杂性，现今并没有合适的关于战略层次的营运风险指标。不过，我们可以从侧面进行分析，依据不同资源能源的区域分布差异，根据投资国的相应属性进行排序，针对中央企业在不同领域内的投资国的选择进行打分，进而从侧面反映出战略经营风险。

第九章

企业对外投资的微观调查分析

一、企业对外投资现状特征

为了更好了解企业对外投资的现状，我们参考其他资料基础上组织暑期大学生针对浙江省[①]在全省5个地市、10多个县（市、区），重点在宁波市下的企业，走访调研，通过工商联、近60多家对外投资企业进行访谈，同时在全省发放300份问卷，在调研基础上，初步掌握浙江省民企“走出去”的现状和问题。由于样本企业相对集中宁波下面的分析主要以宁波企业为例。

民企对外投资发展总体态势良好。调研发现，浙江省民企对外投资呈现主要特点。一是起步早。1993年，万向集团在美国设立万向集团美国公司，以此为平台先后收购多家美国本土公司，开启了浙江民企境外投资先河。二是总量大。截至2014年末，全省经审批和核准的境外投资企业和机构累计达7021家，对外直接投资额达261.85亿美元。特别是“十二五”以来，浙江省对外投资额达160亿美元，其中民企境外投资中方投资占总额的90%左右。三是分布广。浙江民企境外投资遍布全球142个国家和地区，正在逐步从传统东南亚及欧美市场向非洲、南美洲等新兴市场拓展。四是领域宽。从以境外营销网络建设为主向境外投资设厂、资源能源开发、收购国际知名品牌等多领域拓展，特别是海外并购已成为浙江民企对外投资的重要方式。五是抱团多。抱团“走出去”是浙江民企开展国际经贸合作的重要特点。目前华立集团、康奈集团等民企牵头已在境外建立6个国家级和省级经贸合作园区（工业园区），有

① 选择浙江省主要是本人在浙江的博士后工作站，调研条件和资料更丰富，另外浙江省是中国“走出去”投资的大省，民营企业更具微观企业行为特征。

60多家国内企业集聚园区发展。

在宁波114家受访企业中，计划走出去且处于尽职调查阶段的企业有18家，占15.8%；曾经“走出去”已终止的企业有8家，占7.0%；正在“走出去”的企业有88家，占77.2%。其中“走出去”时间不到3年的企业有45家，占正在“走出去”企业数的51.2%；“走出去”的时间超过3年又不到10年的企业37家，占42.0%；“走出去”时间已经超过10年的6家，占6.8%。大多数宁波企业于2011年前后真正开始实施“走出去”的发展战略。近几年不少民营企业相互学习、相互影响，“走出去”的企业数量逐年增长。

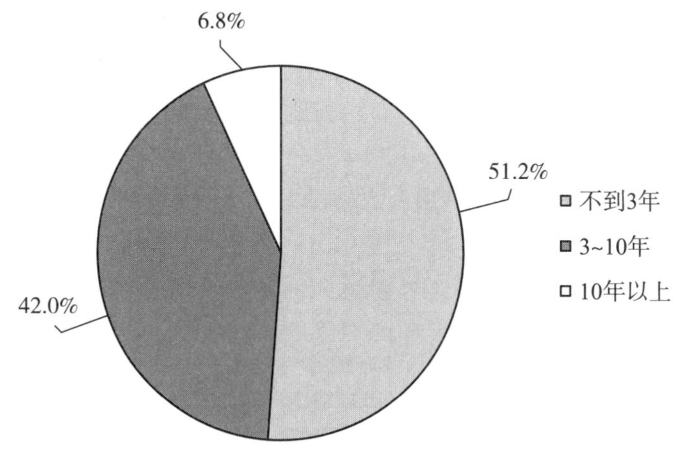

图9-1　企业对外投资的时间轴

从境外投资经营领域与国内经营领域的相关性来看，多数宁波企业境外投资经营领域与国内的经营领域属于同类型关系，占52.8%；境外投资经营领域是“国内相关的销售环节”的占38.9%；是“国内相关的研发设计环节”的占19.4%；是“国内相关的原材料供应领域”的占14.8%；是“国内企业的相关零部件基地”的占1.9%。企业境外投资经营领域与国内经营无关的仅占7.4%，为了多元化发展而对外投资的企业较少。

从“走出去”企业行为的内在动力看，53.5%的受访宁波企业选择“走出去”的主要原因是为了开拓产品、业务的国际市场，其他动因依次分别为：(1）获取品牌、销售网络等当地战略资源（39.5%）；(2）拓展企业的国际影响力（35.1%）；(3）商业网络国际化（30.7%）；(4）通过海外市场多元化战略降低国内市场风险（28.9%）；（5）获取技术、管理经验（28.1%）；(6）获取原材料、资源、能源或零部件（27.2%）；(7）降低劳动力、水、电等经营成本（18.4%）；（8）获取东道国优惠政策（14.0%）；（9）国内市场饱和，转移国内多余的生产能力（14.0%）；（10）规避关税和非关税的贸易壁垒（13.2%）；（11）获取融资便利（9.6%）；（12）防止贸易摩擦（反倾销、贸易限制等）（6.1%）；（13）国内发展停滞（4.4%）；（14）跟随其他企业（1.8%）。

企业海外投资选择东道国时主要考虑的因素为当地市场潜力（50.9%），法制和商务环境（32.5%），对其他市场的辐射（28.9%）。其他考虑因素依次为销售价格水平（27.2%），自然资源（25.4%），当地税率水平较低（23.7%），国家间减免税收、避免双重征税协定（23.7%），劳动力素质及工资水平（21.9%），健全的上下游产业配套（19.3%），当地环保法规、政策的宽松程度（19.3%），水、电等能源价格（17.5%），外汇管制宽松程度（17.5%），交通、通信、网络等基础设施条件（14.9%），当地政府廉洁指数（14.0%），是否签署双边/多边投资保护协定（14.0%），自由贸易协定（FTAs）签署态势（13.2%），是否承认国际仲裁裁决和双边司法协议（11.4%）等。

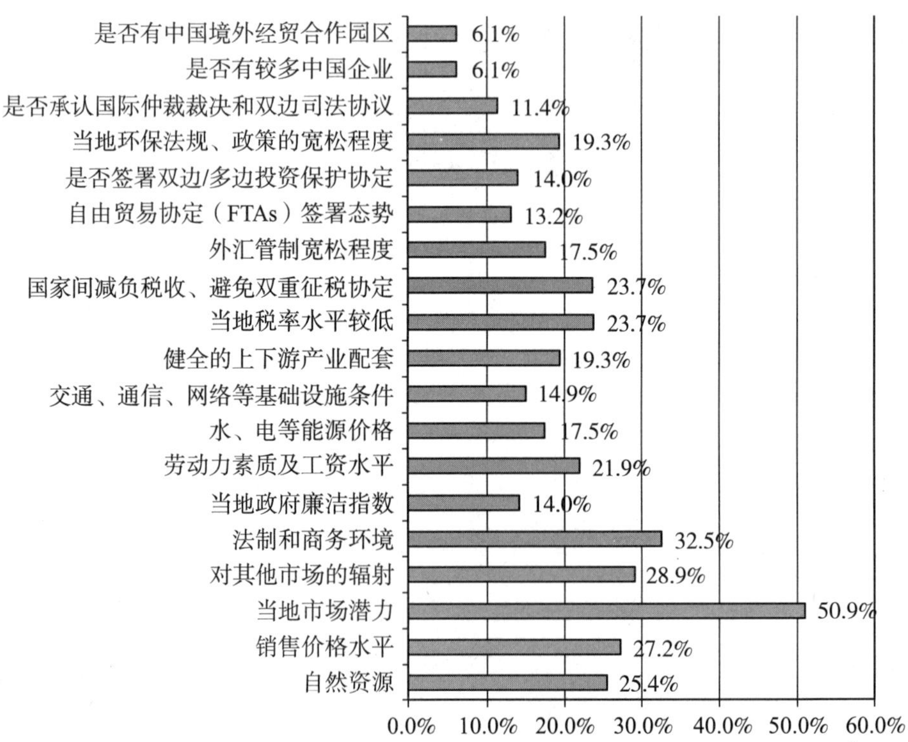

图 9－2　企业境外投资选择东道国时考虑的因素

目前民营企业对外投资资本金看，在调查企业中，企业境外投资金额不到100万美元的占23.6%，100万～500万美元（含100万美元）的占33.0%，500万～1000万美元（含500万美元）的占17.9%，金额在1000万～3000万美元（含1000万美元）的占9.4%，金额在3000万～5000万美元（含3000万美元）的占0.9%，投资金额在5000万～1亿美元（含5000万美元）的占8.5%，超过1亿美元（含1亿美元）的企业占6.6%。

企业境外投资的资金绝大多数来源于自有资金，其中100%为自有资金的占比高达63.6%；51%～99%来源于自有资金的占20.6%，其他资金来源于国家政策银行、国内外资银行、境外外资银行、境内内资银行等；部分投资资金（20%～50%）来源于自有的占13.1%，其他资金来源于各种形式的银行。仅有一家企业的境外投资资金全部来源于直接融资所得；另外仅有一家企业的境外投资资金来源于民间融资所得，且在全部投资资金中占比较少。

从企业"走出去"的效果。在正在"走出去"及曾经"走出去"的企业中，58.7%的企业认为"走出去"得大于失，38.5%的企业认为得失相当，而2.9%的企业认为失大于得。从企业"走出去"预期目标是否实现来看，仅仅4.9%的企业表示预期目标已全部实现，44.1%的企业表示已绝大部分实现，42.2%表示少部分目标已经实现，8.8%的企业认为预期目标至今基本没有实现。

在曾经"走出去"但目前已经终止投资的企业中，项目终止的主要原因有跨国经营成本过高超出预期（31.4%）、市场不景气（30.3%）、资金短缺（28.6%）、东道国投资环境不宜继续经营（25.7%）、投资决策和判断失误（17.1%）、法律风险没有得到合理规避（17.1%）等。

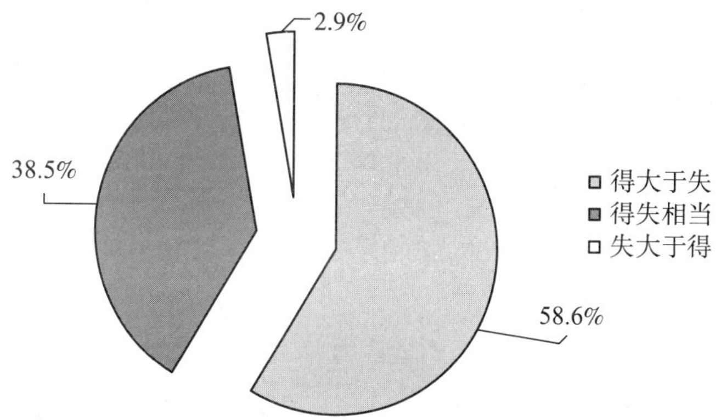

图9－3　企业对"走出去"的整体评价

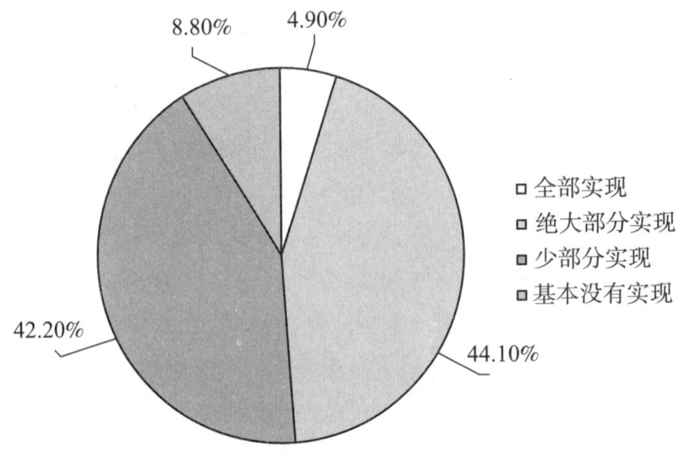

图9-4　企业“走出去”的预期目标实现情况

二、企业对外投资反映的主要问题

我国企业从对外贸易走向对外投资面临的问题差别很大。图9-5是我们对列举的一些常规问题，企业的回答情况。

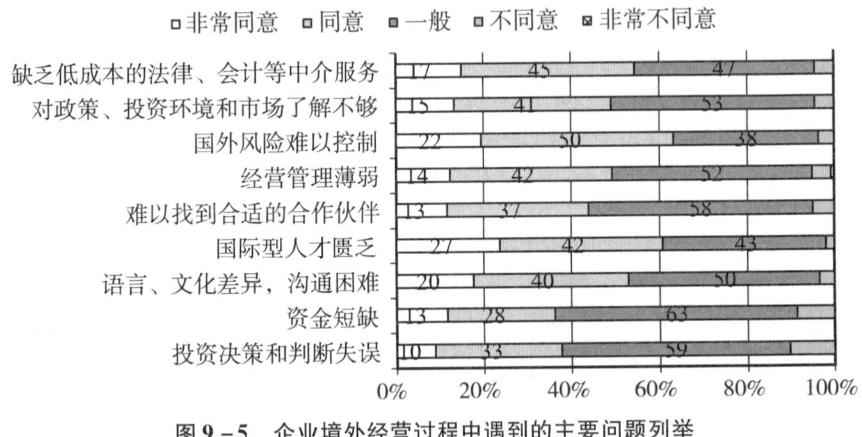

图9-5　企业境外经营过程中遇到的主要问题列举

综合调研了解到的情况看，当前影响微观企业对外投资遇到的主要问题包括以下“三大方面”。

（一）企业自身因素能力问题

首先，企业普遍缺乏国际化经营中高层次人才。问卷调查显示，有63.91%的企业表示企业缺乏国际经营管理人才，40.6%的企业表示缺乏专业技术人才。调研座谈中，许多企业也反映人才缺乏成为制约企业对外投资最突出的问题。如，盾安集团反映，其管理与技术人员的国际化视野、外语能力难以充分支持海外扩张需要，且企业在吸引、培养、留住国际化人才方面也缺乏经验；浙江华友钴业公司认为，企业虽然在境外投资多年，但是缺乏既熟练掌握当地语言，又通晓国际法和国际商业惯例的人才；浙江永裕竹业公司表示，企业要到美国西雅图投资，但是缺乏既懂财务又懂外语和法律的复合型人才；天能动力公司反映，其前几年与德国、意大利等国企业合作时，公司没有合适的人才能够做投资的前期调查和评估工作。

其次，好的合作伙伴难找，对东道国综合信息的了解不到位。问卷调查显示，有43.61%企业表示对东道国政策、法律法规、投资环境、市场信息等不了解。很多企业和商会也在调研座谈中反映，由于对东道国相关情况不了解，“走出去”损失较重。如，康奈集团反映，公司虽然“走出去”比较早，但由于对国外法律和当地文化不了解，没有及时在国外申报产品专利，结果被国外一家同行企业参照康奈皮鞋的鞋底花纹图样申请了专利，之后该公司以此向当地有关部门举报康奈侵犯其知识产权，导致康奈皮鞋店被查封赔钱，最后无奈撤回国内；奥康集团反映，其于2008年在印度开了皮鞋专卖店，由于不了解当地法律，被当地职业经理人钻了政策空子，企业损失几千万元，不得不退出印度市场；杭州市紧固件行业商会反映，会员企业到美国、俄罗斯、墨西哥等国发展，由于对当地法律不了解，当地有些不法企业利用法律漏洞骗取货物，导致中方企业无法追诉，此外还有个别会员企业没有对国外市场深入调研就盲目投资，导致血本无归。

最后，资金问题。问卷调查显示，超过三成（30.08%）对外投资企业认为资金缺乏影响企业“走出去”。在企业座谈走访中，资金缺乏也成为企业反映的常规性问题。如，湖州大港集团反映，公司在尼日利亚虽已发展16年，且获得金矿投资项目，潜力很大，但限于资金制约，企业不能迅速做大；台州西诺控股集团反映，企业在非洲投资购买当地铜矿、森林等项目后需要继续投资，但是缺乏资金保障，导致项目后续开发乏力。

（二）国内支撑配套问题

影响企业“走出去”的国内因素众多，对各项影响因素按照非常同意、同意、一般、不同意、非常不同意等重要程度进行评分，将选择同意和非常同意的企业数量和进行排序，如图9－6所示，目前最主要的影响因素是缺少针对中小企业走出去的援助平台（53.3%）、人才培训服务缺乏（50.9%）、咨询服务缺乏（48.2%），接下来依次是走出去信息短缺（45.6%）、法律援助不足（41.2%）、政府扶持政策申请手续繁杂（37.7%）、申请使用外汇困难（37.7%）、国内融资困难（36.0%）、企业员工出国手续办理困难（21.9%）、向主管部门申请批准困难（17.5%）等。

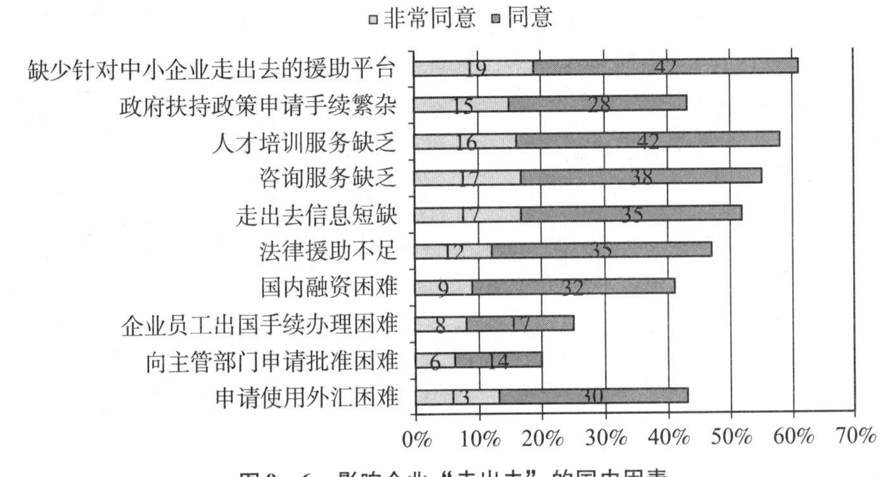

图9－6 影响企业“走出去”的国内因素

企业对外投资，需要来自国内各种服务的配套支撑，才能做到“内撑外开”。这些问题概括起来反映在：

第一，服务体系仍不健全。调研发现，大多数企业表示虽然企业想“走出去”，但是在国内缺乏法律、会计、投资、信息咨询、人才培训等各类专业化程度高的服务。目前国内只有中国出口信用保险公司专业为境外投资提供相关信息咨询、风险评估等服务，其他中介机构普遍缺乏境外调查、法律审查、资产评估等经验和能力，其提供的服务还不能满足企业需求，许多企业只得选择境外的服务机构，而美国、中国香港等国家或地区的知名专业服务机构费用高昂，且沟通联系比较困难，服务效果也较难把握，造成许多中小企业很难迈出境外投资步伐。如，桐乡市某企业反映，该公司近年在泰国、菲律宾等地考察时，对一些项目感兴趣，但由于国内没有专业服务机构帮助提供可行性咨询和研究服务，其自身对有关国家风险防范不了解，再加上不愿承担国际专业服务机构的高额咨询费，至今仍未确定是否进行投资。问卷调查也表明，高达 61.55% 的“走出去”企业认为国内的专业服务体系尚不健全，直接影响企业“走出去”发展。

第二，金融支持依然不足。如，浙江久立集团反映，其已在美国、德国、阿联酋等国设立办事处，目前想在美国扩大投资项目，但是在“走出去”贷款的金融支持方面享受不到国企待遇，不能进行大规模的投资，给发展带来不利影响。盾安集团反映，国内的海外投资基金运作模式还不成熟，企业投资项目资金主要来自企业自有资金或少部分银行贷款，融资方式单一，企业财务负担和财务风险较大。还有民企反映，国内银行往往认为企业的海外项目难以监管，对企业海外业务提供融资贷款和担保的意愿不强。在调研中，政府部门认为上述问题的原因主要有两方面：其一，除中国进出口银行、国家开发银行两大政策性银行外，国内商业银行大多没有设立专门的境外投资贷款业务，海外服务网点偏少，服务能力偏弱，再加上企业境外投资形成的土地、房产、股权、设备等资产评估和处置难，国内银行出于风险评估的考虑，一般不接受国外资产作为贷款抵押物。其二，从政策性担保体系来看，国内缺少类似美国海外私人投资公司（OPIC）、日本国际协办银行等为企业海外投资提供融资担保的政策性金融机构，难以帮助企业应对境外投资风险。此外，企业在境外投资设立的实体经营年限短，缺少信用记录，难以在国外得到信贷支持。问卷调查显示，浙江“走出去”企业利用自有资金投资的占比达 87.97%，能够利用境内融资进行投资的企业占比 32.33%，利用境外融资进行投资的企业只有 11.28%，43.61% 的企业认为金融对企业“走出去”支持存在不足。

第三，外汇管制还需放开。调研座谈中，许多企业表示当前外汇管制存在不规范、不合理的问题。一是赚的外汇进不来。如，浙江永达实业公司反映，在外汇管制方面，安哥拉力度比较大，设了很多门槛，赚的资金回不来；浙江苏嘉医疗器械公司反映，企业去埃塞俄比亚投资，赚的资金回不来，并且该国没有外汇指标，企业买 500 万元的机器设备时，只能自己负责换外汇指标，实际要耗费 1000 万元。二是自然人直接对外投资仍未放开。如正泰集团反映，2014 年开始浙江境外投资立项由审批制改革为备案制，但由于自然人直接对外投资仍未放开，民企难以充分整合分散在各地的浙商个体资源优势，联合对外投资。还有企业反映，由于企业获得当地签证还不便利，外汇管理虽然有所放松，但前期投资支付周期仍比较长，额度达不到企业投资要求，境外投资利润回流仍成问题。三是外汇管制不规范。如嘉兴舒福德电动床公司反映，其在美国有一个交易项目，整个流程走了 3 个多月，涉及外汇管制，国内有关外汇管理部门，先是提出该公司卖给美国企业的标的物定价太高，要求降价，后来又要求企业先提交完税证明，再予批准，而企业认为交易还未完成，无法纳税，最后企业只能找关系协调有关税务部门，帮助出具证明（证明企业完成并购后肯定会交税），交易才得以实施。问卷调查显示，超过三成（33.08%）“走出去”企业认为外汇管制严格，阻碍了企业“走出去”发展。

第四，使领馆服务质量亟待提升。问卷调查显示，“走出去”的民企与中国驻外使（领）馆，彼此之间从未来往的占比接近三成（27.8%），经常来往的只占一成半左右（15.04%），偶尔来往的有四成多（42.86%）。座谈走访中，很多企业也反映驻外使领馆服务意识需要加强。一是主动服务意识有待提高。如，某企业反映，除了在“走出去”初始，我国驻外使领馆为其办理报备、有关认证服务外，之后 10 多年使领馆人员都未去该企业看望过。有企业反映，企业到欧洲投资，曾经连续两次到大使馆报到，却找不到经办人，大使馆也不会主动联系他们。有企业还反映，去大使馆寻求帮助时，排队要排好几天才轮到。二是服务态度存在“双重标准”。部分企业反映，大使馆对于民企和国企的服务态度不一样。如，根据商务部、银监会、保监会等颁布的《对外承包工程项目投标（议标）管理办法》规定，在 EPC 工程对外投标中，500 万美元以上的项目需要中国驻当地大使馆商务参赞处开具的批准函，同时部分“走出去”补贴政策落实也需驻外使领馆确认，但是与国企相比，民企在获得这类函件时往往会遇到阻力和困难。如，正泰集团一个欧洲项目虽由当地团队两次拜访使馆介绍项目情况，但在省商务厅发函询证时一直无法得到使馆确认，造成相应投资补贴迟迟无法兑现。三是服务机制有待优化。有企业反映，境外机构注册涉及到企业资料的公证与使领馆认证，国内公证及使领馆认证代办采取“属地管理”原则，便捷性受到影响。以温州、上海为例，温州公证文件需送杭州代办使领馆认证，上海外事中心虽然可代办使领馆公证文件认证，但是仅接收上海公证机构文件，而上海公证机构无法办理温州企业的公证事务。此外，内地公证机构也无法办理香港公司公证事务。

第五，财税支持仍需加大。调研发现，许多企业希望得到政府财政资金的补贴和支持。一是经费补助力度需要加大。如，华友钴业公司反映，从商务部获得的项目贷款贴息额只占其利息支出的 5%，而且钴作为 90% 依赖进口的战略性资源，未被列入商务部资源回运补助目录；台州黄岩海耀工艺品公司反映，其在境外申报专利的费用支出较大，希望政府在申报费用方面给予资金补助或其他激励。嘉兴市财政局反映，目前国家对境外直接融资和引进国外先进技术方面没有财政支持政策，希望扶持政策能够有所完善。二是税收政策有待优化。如，杭州市紧固件行业商会反映，整个行业出口退税率低，仅为5%，行业企业压力较大。有企业反映境外产品回销国内征收所得税较重，认为国家应参照西方国家改为消费税。部分企业反映在境外投资存在着双重征税情况，如，华友钴业公司反映，将境外投资的钴精矿运回国内深加工，被重复征税；嘉兴舒福德电动床公司反映，其2014年投资5000万美元收购美国企业，第一年就获利3000万美元，企业对这些利润该如何合法地回到国内，能否避免双重交税等问题心存疑虑和困惑；湖州市某生产拉杆箱企业表示，企业在朝鲜投资经营已有20多年，赚的外汇若直接投资国内企业是否可以不再收税。

第六，工商联、商会等支持力量亟待加强。调研中，许多市、县（市、区）工商联反映，他们非常支持民企“走出去”，但是往往力不从心。嘉兴市工商联反映，工商联虽然有组团出访资格，但严格按照现在的相关规定很难组团出访，其2014年组团出访安排没有通过批准。

某市工商联反映，2014年机关干部随同企业家组团出访的有关差旅费，至今未批准报销；湖州市工商联反映，希望全国工商联能够加强对外联工作经常性的业务培训和指导，对民企的服务借鉴中国香港贸发局的运作模式（半官方、非营利、搭平台），提高指导服务企业“走出去”的能力和水平。全省34个参与问卷调查的县（市、区）工商联表示，对国外情况不明成为制约基层工商联作用发挥的首要问题，占比达85.29%；33个商会的问卷调查显示，69.7%的基层商会认为缺乏服务平台，且专职工作人员短缺、专业性不强，需要政府给予政策支持。综合此次调研情况，目前工商联组织在服务企业“走出去”方面存在七个问题：对国外情况不明（包括对境外投资环境、政策不清楚）；可提供和融资、信息、法律、风险防范等具体服务手段较少；专职工作人员短缺、专业性不强；组团出访存在管理限制；缺乏服务平台；经费短缺；缺乏与政府部门、使（领）馆有效沟通渠道。

（三）企业“走出去”的风险问题

在我们对企业的走访中，当我们提出对外投资最怕的问题是什么？多数企业家认为还是投资风险。企业境外投资的主要风险包括经济不稳定市场波动大、政局不稳定社会动荡、与当地政府沟通不畅政府腐败行政效率低、政策多变难以预期、劳资纠纷、知识产权许可及侵权争议、政策不透明、并购后整合风险大等。为了体现不同风险对企业的影响，问卷要求受调查企业对境外投资的几种主要风险按照风险很大、较大、一般、较小和很小五个等级依次给予5到1分的评分，得到几种主要风险的评分。发现目前宁波企业“走出去”面临的最大风险是经济不稳定市场波动大，其次是政局不稳定社会动荡，再次是与当地政府沟通不畅、政府腐败、行政效率低和政策多变难以预期。

表9-1　　企业境外投资面临的风险

序号	企业境外投资的主要风险	风险评分
风险1	经济不稳定、市场波动大	3.64
风险2	政局不稳定、社会动荡	3.48
风险3	与当地政府沟通不畅、政府腐败、行政效率低	3.26
风险4	政策多变难以预期	3.26
风险5	劳资纠纷	3.11
风险6	知识产权许可及侵权争议	3.00
风险7	政策不透明	3.20
风险8	并购后整合风险大	3.18

企业境外经营过程中遇到的主要困难表现在国外风险难以控制（63.2%）、国际型人才匮乏（60.5%）、缺乏低成本的法律、会计等中介服务（54.4%）、语言、文化差异，沟通困难（52.6%）、经营管理薄弱（49.1%）、对东道国政策、投资环境和市场信息了解不够（49.1%）等。

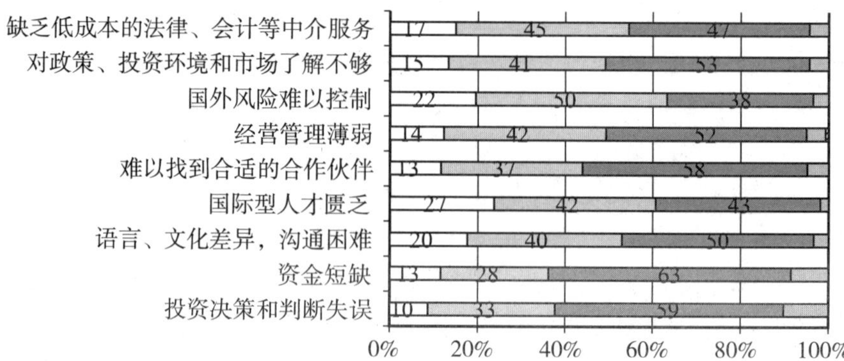

图9-7　企业境外经营过程中遇到的主要困难列举

三、企业对目前政策的认同和对未来政策需求

按照经典的国际投资理论，企业对外投资必须有资源、市场、技术等优势，然而，我国相当多企业并不具备这些优势，不少企业仍然取得对外投资的成功。其中的重要因素是，政府在企业对外投资中发挥了作用。为此，我们调研了企业对政府现在运行的政策认同和对未来政策的需求进行了调查分析。

对政府现行政策，企业认同或基本认同的有：

一是企业普遍认同各级政府部门在支持和促进企业“走出去”中做了大量卓有成效的工作。一是组织支撑。浙江省政府成立“走出去”工作领导小组，由省商务厅牵头，综合协调省级有关部门支持企业“走出去”政策落地和重要工作平台建设。二是财政支持。省财政于2002年就设立“走出去”战略专项资金（2014年为6000万元），对各市企业“走出去”给予支持，各地市和县级财政部门也结合实际，设立“走出去”专项资金，对民企境外投资等给予相应补助。三是便利服务。省外侨办在全国率先试点民企持因公护照出国境业务，省税务局打造“三个一”税收服务体系，省发改委和省商务厅对合规的境外投资项目实行备案制，省外汇管理局在全国率先试点跨国公司外汇资金集中运营管理。

二是金融机构提升服务有力助推了企业对外投资。主要表现在：一是政策性金融支持。以国家开发银行、中国进出口银行和中国出口信用保险公司为代表的政策性银行和保险机构，为浙江民企“走出去”提供融资和保险支撑。二是平台化融资服务。2014年，经省政府批准，中国进出口银行浙江省分行、中国信用保险公司浙江省分公司与省商务厅、省财政厅共同设立“走出去”融资与担保平台，安排不低于10亿元资金专项支持中小民企“走出去”。三是长效性合作机制。金融保险机构主动与省商务厅、省发改委、省工商联等有关部门建立长效合作机制，对计划“走出去”的企业和项目进行跟踪指导，提供信贷、融资租赁、结算、财务顾问、“走出去”法律咨询等综合服务。

三是工商联、商（协）会打造平台对企业“走出去”提供了有效的引导。各级工商联、商会组织发挥民间性优势，推动企业“走出去”。一是携手浙商“走出去”。浙江省工商联及各地市工商联充分发挥商会前台作用，举办“世界浙商大会”“携手浙商——丝绸之路行”等系列活动。二是搭建平台“走出去”。建立“浙商与外国驻沪总领事馆官员交流平台”，组织民企赴境外开展

商务考察和项目对接，加强与境外工商社团信息交流。三是组建商会“走出去”。工商联组织牵头成立阿联酋湖州商会、迪拜温岭商会、柬埔寨宁波商会、印度浙江商会（筹）等，促进同行业企业抱团“走出去”，加强境外企业经验交流和互助合作。四是抱团维权“走出去”。如，温州鞋业商会组织当地鞋业产业抱团“走出去”，温州眼镜商会在境外设立境外投资风险预警点等。

同时，在调查中，企业普遍比较迫切得到政府或中介服务的事项有以下方面：

第一，企业最为迫切的需要是希望政府及相关机构提供及时的海外经贸信息（占比 77.2%），如图 9－8 所示，接下来依次是：希望政府相关单位提供海外投资营商法律及财税等方面的专业咨询协助、提供海外市场准入与投资政策等方面的预警、提供涉外经济纠纷与争议解决协助、提供有效国际资源，寻找合作伙伴、多引进培育高水平的第三方机构、搭建交流平台并组织对接洽谈、推荐并组织相关企业参加国际展会等。

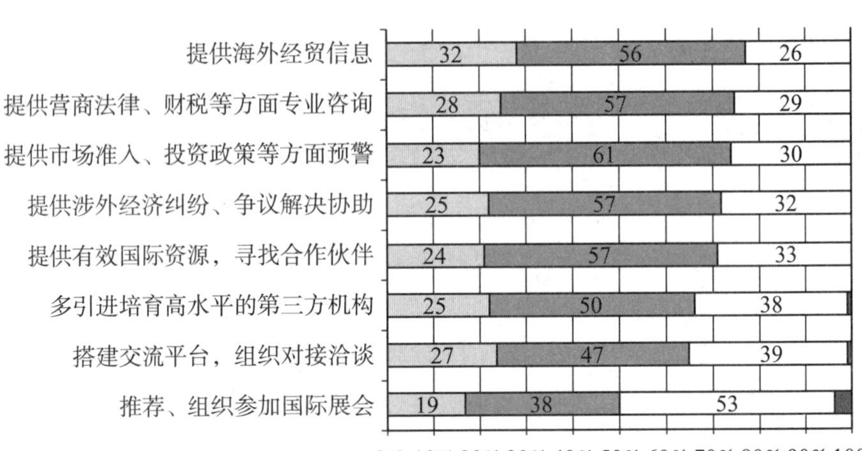

图 9－8　企业“走出去”期望得到政府的帮助列举

第二，尽快出台相关境外投资法律。目前，我国境外投资法律保障体系还不完善，与欧美发达国家存在较大差距。建议尽快出台《境外投资法》、《海外投资与经营保险法》等相关法律，构建包含境外投资审批监管、投资产业、投资保险、投资金融、投资税收、投资争端解决等各个方面的境外投资法律体系，为中国企业“走出去”提供坚强法律保证。

第三，建立健全全球投诉应急响应机制。建议由国务院有关部门主导，相关部委配合，地方政府参与，各级工商联、商会、协会支持，我国驻境外使领馆联动，境外商会、协会协助，形成一个全球覆盖、内外联动、上下配合、共同参与的服务企业“走出去”的“全球服务网”。设立全球投诉、24 小时响应、应急处理、快速联动的热线电话，配套建立相适应、相衔接、全球一体化的工作机制（类似“110”电话和中心），为“走出去”企业在全球任何地方、第一时间处理和协调解决有关重大突发问题及实际困难提供最贴心的窗口和通道。政府有关主管部门及境外的商会、协会，要及时对境外投资可能出现的政局动荡、金融及行业领域区域的投资风险等发布预警信息。同时，要结合相关国家“双反”等贸易保护措施，针对性做好有关预案，成立专门协调机构，对可能或已出现的歧视性政策及贸易壁垒进行抗议和沟通，必要时采取反制措施，施加有关压力，维护中国企业的合法权益。

第四，搭建服务企业“走出去”的综合服务总平台。建议国家与企业“走出去”服务和管理相关的部委单位联合，建立“全国性企业境外投资综合服务平台”，以“一站式窗口 + 网上服务”形式，为企业境外投资提供政策信息咨询、投资风险评估、法律融资服务等全流程服务，尤其是重点加强金融、保险等部门的政策服务支持。要借鉴美国、日本等国的先进做法，设立专门机构承保政治性风险，建立“海外投资亏损准备金制度”，完善境外投资风险防控体系和服务机制。同时，建议国家人事管理和人才引进部门要搭建“走出去”企业与海外中国留学生群体交流互动的平台，推荐更多懂外语、懂专业、懂当地国家文化的中国留学生直接服务于“走出去”企业发展。

第五，推动民企抱团建立“境外经贸合作园区”。借鉴推广泰国罗勇工业园区等成功经验，建立一批民营性质的“境外经贸合作园区”。建议国家商务部牵头，加强与有关国家和地区谈判、沟通、联络，推动国内纺织、服装、化工、电子、家用电器、造船、玻璃、电解铝、水泥、钢铁等传统优势产业“腾笼换鸟”，梯度转移。如，温州市有饱和产能、但技术设备世界一流的皮鞋生产线 2000 多条，可以利用印度等国皮鞋制造产业缺乏、市场空间巨大、没有进口淘汰生产线政策限制、产品出口美国等可免税等有利条件，建立境外工业园区。此外，对杭州、宁波、湖州、嘉兴等地的纺织服装、家用电器、仪器仪表等产业，政府也要加大扶持，推动全产业链集聚转移到柬埔寨、越南、缅甸等相应国家和地区发展。

第六，建立民企参与国家“一带一路”战略促进机制。建议全国工商联牵头成立“一带一路”发展投资促进会（研究会），或成立“国家境外投资咨询研究院”，以研究、指导、宣传、促进、服务全国民企“走出去”为宗旨，以推进国家和地区之间实现“五通”为重点，以弘扬中华文化“走出去”、民企社会责任“走出去”、服务企业尽快融入当地文化为纽带，以淡化“一带一路”国家战略实施过程中政治色彩为导向，以“商会搭台、政府支持、中介服务、企业唱戏”为原则，鼓励、支持有资质的民企平等参与“一带一路”有关重大项目分包、设备招标，鼓励、支持更多民间资本参与境外项目投资、工程承包、劳务输出和与国外企业之间的经济贸易合作；同时，积极帮助民企申请国家400亿美元“丝路基金”、1000亿美元的亚洲基础设施投资银行等金融支持，以及各级财政的资金支持，全力推动民企参与“一带一路”建设。

第七，建立驻外使领馆定期走访“走出去”企业制度。我驻外使领馆要参照西方国家驻华使领馆做法，强化促进对外经贸合作职能，增加驻外使馆经参处人员，关心、指导、服务当地“走出去”的中资企业，帮助协调解决企业经营中遇到的困难问题。要建立定期走访“走出去”企业制度，变“走出去”企业上门报备认证为工作人员主动上门服务，对所在国“走出去”企业，每年走访看望联络不少于两次。要推行首问负责制、限时办结制、责任追究制、服务承诺制、一次性告知制，做到有求必应、有问必答、有事必办、有难必帮。建议全国工商联在境外企业“走出去”比较多的重要国别、地区，设立海外办事处、联络处或代表处，共同配合驻外使领馆做好有关指导、服务工作。

第十章

金融业配合实体企业“走出去”的实证分析

一、问题与逻辑

实体企业“走出去”后，自 1978 年改革开放以来，中国对外开放水平不断提高，而真正以经济利益为目的的开展的对外直接投资（outward direct investment，ODI）开始于 1982 年，其发展历程伴随着不同时期产生波动性的增长，包括中国的市场经济改革，亚洲金融危机，中国加入世界贸易组织，“走出去”上升至国家战略新高度并被正式实施，美国次贷危机以及中国近期提出的“一带一路”战略，等等。根据联合国贸易和发展会议（United Nations Conference on Trade and Development，UNCTAD）的数据显示，中国 ODI 近年来呈现较快发展，1982 年只有 0.44 亿美元，2002 年以后呈现稳定增长，到 2014 年则达到 1160 亿美元，中国 ODI 流量已经位居全球前列，成为 ODI 大国。

邓宁（1977，1993）指出，企业的对外直接投资行为的动机有三个：一是拓展海外市场，在规模经济的带动下，提升产品的需求范围；二是提高生产效率，降低生产成本。企业通过 ODI 寻求更为廉价的投入要素，降低成本，提高产品竞争力；三是寻求海外资源和战略性资产，获得更多所有权优势。同时根据王伟、孙大超以及杨娇辉（2013）的分析，中资企业 ODI 行为对开拓国外市场，降低自身生产成本，转移国内比较劣势产业，获取国外先进技术以及提升海外资产收益率等方面有重要的推动作用。当下，中国经济进入增长的“新常态”，即经济增长速度由高速向中高速转变，经济结构不断优化升级，经济增长动力由要素驱动、投资驱动向创新驱动转变。“新常态”下，国内市

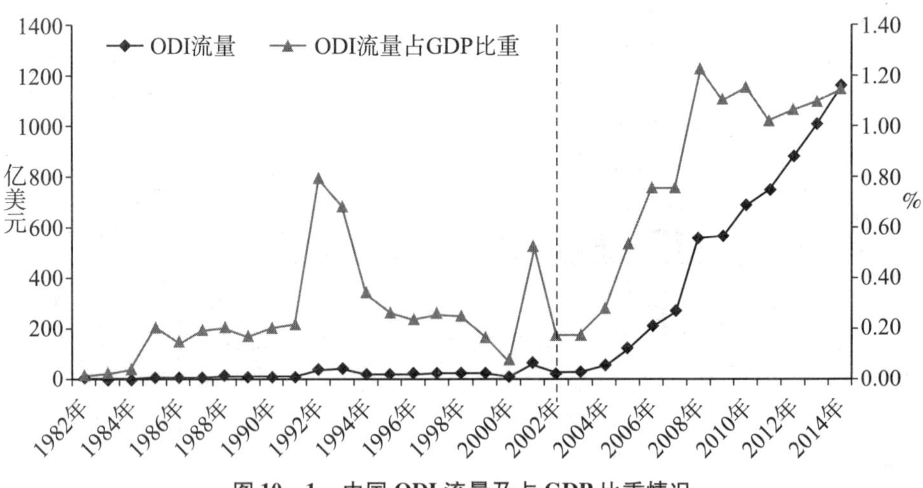

图 10－1　中国 ODI 流量及占 GDP 比重情况

场需求乏力，产能过剩显现，结构矛盾突出，转型面临重大困难。“五大发展”理念①的提出是从顶层设计角度为中国发展面临的新情况、新问题作出的时代回答。新形势下，坚持“开放发展”，积极推进“一带一路”建设，能够有效缓解国内亟待解决的突出矛盾和问题，而企业作为微观个体中灵活、高效的经济组织，通过 ODI 路径开拓国外市场，“积极稳妥化解产能过剩”“降低生产成本”“化解金融风险”② 等都显得尤为重要。

已有的关于中国 ODI 的研究中，更多的关注中国 ODI 区位选择的问题（J Child and SB Rodrigues，2005；Buckley et al.，2007；Cheng and Ma，2010；蒋冠宏和蒋殿春，2012；张吉鹏和衣长军，2014），相关研究认为母国与东道国的经济水平、双边贸易水平、制度因素、文化因素、两国间的距离以及东道国市场大小、资源丰裕度和创新能力、技术水平等因素对中国 ODI 区位选择的影响较大。随着金融对实体经济的服务能力和重要性逐渐增大，学者们开始探究金融发展水平与企业 ODI 之间的关系。此类的文献中，关注的焦点在于母国的金融抑制对企业 ODI 的影响（Chaney，2005；Caballero et al.，2008；

① 2015 年 10 月 29 日中国共产党第十八届中央委员会第五次全体会议通过的《中共中央关于制定国民经济和社会发展第十三个五年规划的建议》中指出：坚持创新发展、协调发展、绿色发展、开放发展、共享发展，是关系我国发展全局的一场深刻变革。创新发展、协调发展、绿色发展、开放发展、共享发展被总结为“五大发展”理念。

② 2015 年 12 月 18～21 日召开的中央经济工作会议指出：2016 年经济社会发展特别是结构性改革任务十分繁重，战略上要坚持稳中求进、把握好节奏和力度，战术上要抓住关键点，重中之重是抓好去产能、去库存、去杠杆、降成本、补短板五大任务。一是积极稳妥化解产能过剩；二是帮助企业降低成本；三是化解房地产库存；四是扩大有效供给；五是防范化解金融风险。

Mendoza et al.，2009；王伟等，2013；卢春燕，2014；李磊和包群，2015；刘莉亚等，2015；吕越和盛斌，2015），研究普遍认为母国的金融抑制水平越高、金融发展水平越低，从而增加企业的信贷约束，降低了企业进行 ODI 的可能性。而在现实的金融运行中，银行业金融机构会通过自身不断对外开放来缓解国内金融抑制水平，从而带动企业对外直接投资，现有的文献忽略了银行国际化对企业 ODI 的影响。

为弥补现有的研究空白，本文则立足中资银行国际化角度，利用中国银监会国际部编写的《中资银行海外机构名录（2014 版）》以及商务部走出去数据库中关于《境外投资企业（机构）名录》，运用 2002 ~ 2013 年的数据分析中资银行国际化经营对中资企业 ODI 的影响。

二、现实关注与评价

随着中国 ODI 的快速增长，国内外学者开始愈发重视对中国 ODI 相关问题的研究。目前，已有的研究更多的注重分析中国 ODI 的区位选择。鲁明泓（1999）检验了国际经济安排、经济制度、法律制度以及企业运行便利性等四大类制度因素对国际直接投资的区位选择关系。文中的研究认为国际直接投资趋向于流入贸易壁垒低、对外资持欢迎态度、签署双边投资保护条约、经济一体化发展水平高的国家或地区；趋向于流入市场发育程度高、金融管制宽松、经济自由程度高的国家或地区；趋向于流入私有财产保护程度高和法律完善程度高的国家或地区；趋向于流入企业运行障碍少、政府清廉程度高的国家或地区。杨大楷和应溶（2003）从中资企业 ODI 区域分布的现状出发，将国际直接投资的区位理论与中资企业 ODI 的现实特点相结合进行分析。程惠芳和阮翔（2004）选取对中国进行直接投资的 32 个国家（地区）为样本，把这些国家（地区）的经济规模、人均国民收入以及与中国的地理距离等因素纳入引力模型，分析国家之间的国际直接投资流量与经济变量之间存在的相关关系。该研究表明，母国与东道国的经济规模总和、人均国民收入水平及双边贸易量与两国间的国际直接投资流量呈正相关关系，母国与东道国的经济规模和经济水平越接近，两国之间的国际直接投资流量越大；蔡尔德和罗德里格斯（J Child and SB Rodrigues，2005）通过案例研究认为，中资企业通过兼并或者境外有机扩张（organic expansion abroad）形式进行 ODI 并非像理论描述的寻求竞争优势，而更多是为解决自身竞争劣势；P. 邓（P Deng，2009）基于制度理论分析了中资企业海外并购的资源寻求动机。巴克利等（2007）通过研究中国 1984 ~2001 年的 ODI 数据，发现中国的 ODI 更倾向于流向与本国距离近及文化相似的国家，同时东道国的政治风险、市场大小、资源丰富程度也是中国 ODI 区位选择的重要因素；程和马（Cheng and Ma，2010）则使用 2003 ~2006 年商务部的数据，发现东道国的人均 GDP 对中国 ODI 的流量没有影响，对存量的影响为负，而共同语言与共同国界对流量与存量均有正向影响；张和钱（Cheung and Qian，2009）把数据样本扩展至 1991 ~2005 年并且研究了中国 ODI 在发达国家与发展中国家之间的异同，发现无论在发达国家还是发展中国家，中国的 ODI 都是市场与资源寻求型的，外汇储备促进了中国 ODI 的增长，中国对发展中国家的 ODI 受出口因素影响，中国在发达国家的投资更加集中但是在发展中国家更为分散；何本芳和张祥（2009）通过 2004 年、2005 年的宏观数据验证其假设，认为贸易、劳动成本、距离和国家类别等因素对对外直接投资区位选择具有重要的影响。项本武（2009）使用 2000 ~2007 年中国对外直接投资的面板数据，采用 GMM 估计方法，检验中国对外直接投资区位分布的影响因素，揭示中国对外直接投资的动态效应。研究发现：东道国市场规模对中国在东道国的投资具有显著的负影响，而东道国工资水平的影响并不显著；以出口度量的双边贸易联系及双边汇率对中国在东道国的投资具有显著的正影响；从动态来看，前期投资对当期投资的影响并不显著，表明中国对东道国的直接投资缺乏连续性。圣菲利波（Sanfilippo，2010）把研究重点转向中国对非洲国家的 ODI，考察了 41 个非洲国家 1998 ~2007 年的数据，同样发现市场因素与自然资源禀赋是中国 ODI 区位选择的重要决定因素。李磊和郑昭阳（2012）采用 GMM 分析方法，发现中国海外直接投资具有较强的资源寻求特质，其在发展中国家表现得更明显，中国海外直接投资的资源寻求性在美洲和亚洲发展中国家表现得比较明显，在非洲不明显，中国对矿产的渴求要大于对石油的渴求。I. 科尔斯塔德和 A. 韦格（I Kolstad and A Wiig，2012）从制度和资源两个角度分析对中国 ODI 的影响，研究认为东道国的制度环境越差，其自然资源反而能更加吸引中国 ODI。蒋冠宏和蒋殿春（2012）利用 2003 ~2009 年中国对 95 个国家的 ODI 数据，基于投资引力模型考察了中国 ODI 的区位选择。通过检验本文发现：中国 ODI 有市场、资源和战略资产寻求动机，距离对中国 ODI 有负向影响，东道国制度对中国资源寻求型 ODI 有显著影响，中国 ODI 的“制度风险规避”和“制度接近”不明显。通过进一步检验本文发现，中国投资进入发展中国家和发达国家的动机有差异。对于发展中国家，中国投资有市场和资源寻求动机，其中技术输出动机明显。对于发达国家，中国投资有战略资产寻求动机，而市场和资源寻求动机不明显。张吉鹏和衣长军（2014）利用企业层面投资项目数据，采用负二项回归模型考察了东道国技术禀赋与中资企业 ODI 区位选择之间的关系以及文化距离对两者关系的调节作用。实证研究结果发现：东道国技术装备、创新能力以及专利等技术禀赋对中资企业 ODI 有显著正向影响；但文化距离负向调节了技术装备、创新能力的正向影响。

随着金融对实体经济的重要性逐渐增大，学者们开始探究金融发展水平与企业 ODI 之间的关系。而自钱尼（Chaney，2005）将流动性约束引入梅利兹（Melitz，2003）的异质性贸易理论基本模型开始，逐渐有更多的学者在异质性贸易理论的基础上关注母国融资约束与企业 ODI 之间的关系。王伟、孙大超、杨娇辉（2013）利用 67 个国家 1990 ~ 2009 年的面板数据分析了金融发展水平与海外直接投资之间的关系，研究认为母国金融发展水平能够显著促进一国的对外直接投资水平。卢春艳（2014）利用 2005 ~ 2007 年中国工业企业数据库和对外直接投资企业数据，考察企业生产率是否通过融资约束这一渠道影响企业 ODI 决策，研究认为母国外部融资约束（即金融抑制）对企业 ODI 影响较大。李磊和包群（2015）采用《中国境外投资企业（机构）名录》与《中国工业企业数据库》合并的微观数据集，考察了融资能力对我国工业企业对外直接投资的影响。研究表明信贷融资能够显著地促进中国的工业企业“走出去”，融资能力越强的工业企业不仅更有可能进行 ODI，而且越倾向于进行多次投资以及在多个国家进行投资。刘莉亚等（2015）以及吕越和盛斌（2015）的研究也得到了相类似的结论。

而在现实的金融运行中，银行业金融机构作为一种特殊的企业，也会通过自身不断对外开放来缓解国内金融抑制。银行“走出去”与企业 ODI 之间到底存在什么样的关系？已有的研究中，一方面认为母国银行采取“客户跟随”（follow-the-customer）策略进行海外分支机构的设立（JP Esperanca，MA Gulamhussen，2001；邓一星，2008；张红军，杨朝军，2007；张红军，郑忠良，2009；HH Chou et al.，2014），是企业 ODI 的行为带动了银行的国际化发展；另一方面，诺勒和赛思（DE Nolle and R Seth，1996）认为银行“客户跟随”的研究结论有一定局限性，而鲁尔和瑞安（MVD Ruhr and M Ryan，2005）的研究认为母国银行国际化能够带动企业的 ODI 行为。为弥补现有的研究不足，本文以巴克利等（2007）以及 MVD Ruhr 和 M. 瑞安（2005）的理论研究为基础，利用中国银监会中资银行国际化的数据以及商务部关于企业 ODI 的数据，从中资银行国际化的角度分析银行“走出去”对企业 ODI 的带动影响。

三、理论基础与中资企业 ODI 影响因素分析

邓宁（1977，1993）分析认为，影响企业对外直接投资区位选择的三个动机分别是开拓国外市场、降低生产成本以及寻求更多自然资源。巴克利等（2007）认为邓宁的理论是建立在工业化国家（即发达国家）的经验基础之上分析出来的，对发展中国家以及新兴市场国家有一定局限性，尤其是降低生产成本的动机。中国仍然是一个劳动力相对丰裕的国家，企业对外直接投资寻求低廉的生产成本并不完成成立。因此巴克利等（2007）在邓宁（1977，1993）理论的基础上，分析了中资企业 ODI 特有的三个立论。一是资本市场的不完全竞争（capital market imperfections）。包括国有企业能够获得低于市场利率的资金；中国无效率的银行体系能够通过政策安排对潜在对外投资企业提供贷款；集团企业能够利用国内无效率的资本市场来补贴对外投资行为；家族企业能够从其他成员中获得低成本资金等。资本市场的不完全竞争能够使得潜在对外投资企业获得低于市场化利率水平的资金，从而有助于企业对外投资；二是中国跨国公司的所有权优势（ownership advantages）。中国跨国企业的灵活性，可以使用低成本资金，与其他企业保持良好的利益关系以便获取相应资源的能力以及与国外的中国移民所形成的社会关系等，都能够使得中资企业在东道国比当地企业更为有效的运行与生产；三是制度层面因素，包括中国 1978 年的改革开放，积极争取并最终于 2001 年加入 WTO，2002 年正式实施的“走出去”战略，2015 年提出的“一带一路”战略，等等。一系列的偏重 ODI 的政策会不断刺激中资企业对外直接企业投资行为的加速。

在巴克利等（2007）的基础上，同时结合鲁尔和瑞安（2005）的研究，东道国不断开放其金融业，吸引母国更多的银行进行国际化，能够带动母国更多的非银行企业的 ODI 行为。可见母国银行的国际化也是影响企业 ODI 行为的重要因素。

为便于实证研究的开展，我们较为系统的分析中资企业 ODI 的影响因素。

第一，银行国际化水平。母国银行的国际化水平越高，能够更好地缓解国内金融抑制程度，推动金融发展水平提升，为企业“走出去”提供信贷资源和服务，从而带动企业 ODI 扩大（MVD Ruhr and M Ryan，2005）。本文以中资银行是否国际化的 0～1 变量以及中资银行在一国设立的数量两个维度衡量中资银行国际化水平。

假设1：中资银行国际化对中资企业ODI产生正向促进作用。

假设2：中资银行海外分支机构设立的数量越多，则对中资企业ODI的正向促进作用越大。

假设3：随着中资银行海外分支机构设立时间的增加，中资银行国际化对中资企业ODI产生的正向促进作用越大。

第二，开拓市场动机。东道国的市场规模等特征是影响中资企业ODI的关键因素。东道国市场规模越大，中资企业ODI产生规模经济以及范围经济的可能性越大，ODI动机就越强；同时东道国的富裕程度越高，其消费需求能力越大，中资企业ODI的动机就越大（Buckley et al.，2007；Cheung and Qian，2009；Sanfilippo，2010；蒋冠宏和蒋殿春，2012）。本文以一国GDP总量来衡量该国市场规模，以一国人均GDP来衡量该国富裕程度。

第三，自然资源寻求动机。中国可以通过企业ODI获取国内经济增长所需投入的相对稀缺的自然资源要素，包括矿产、石油、木材以及农产品等（Buckley et al.，2007；P Deng，2009；Cheung and Qian，2009；Sanfilippo，2010；I Kolstad and A Wiig，2012；蒋冠宏和蒋殿春，2012）。本文以是一国石油出口占总出口的比重来衡量一国自然资源的丰裕程度。

第四，战略资产获取动机。中国早期的ODI能够获取较多的国际化经营的管理经验，近年来，中资企业ODI则更多是为了获得知识产权以及战略性资产等。中资企业为增强自身竞争力，其ODI行为会偏重知识资本丰裕的工业化国家（Buckley et al.，2007；蒋冠宏和蒋殿春，2012；张吉鹏和衣长军，2014）。本文以一国专利数量衡量该国战略资产的情况。

第五，FDI开放度。一国对国外直接投资的接受成都越高，其受到母国ODI的可能性就越大（Buckley et al.，2007）。本文以一国吸收FDI占GDP的比重来衡量该国FDI开放度。

第六，金融发展水平。一国金融发展水平越高，其信贷额度和服务水平就越高，吸收国外直接投资的可能性就越大，反之一国金融水平越低，企业受到的信贷约束越大，对外投资以及吸收国外直接投资的可能性都在降低（Chaney，2005；王伟、孙大超、杨娇辉，2013；卢春艳，2014；李磊和包群，2015；刘莉亚等，2015；吕越和盛斌，2015）。本文以一国银行业金融机构资产占GDP的比重来衡量该国金融发展水平。

第七，贸易依存度。一国贸易依存度越大，其在全球产业链中的位置就越重要，受到母国ODI的可能性就越高（Buckley et al.，2007；程惠芳和阮翔，2004；何本芳和张祥，2009；项本武，2009）。本文以一国出口总额占GDP的比重来衡量该国贸易依存度。

第八，政治风险。在政治风险较大的东道国，开拓市场型的企业会降低在该国的 ODI，从而转向其他政治风险较低的国家或母国；寻求资源型的企业因担心更大的沉没成本而减小 ODI 的可能性。因此，东道国政治风险越大，其吸收的国外直接投资越少（Buckley et al.，2007；I Kolstad and A Wiig，2012；蒋冠宏和蒋殿春，2012）。借鉴王永钦，杜巨澜和王凯（2014）的分析，本文将采用监管质量、政府效率、法制水平以及腐败控制几个变量来衡量一国政治风险。

四、计量检验

（一）模型构建与研究方法

根据《中资银行海外机构名录（2014 版）》的数据，截至 2013 年底，共有 17 家中资银行金融机构在海外 51 个国家和地区设立 166 家一级机构，近 1200 家分支机构[①]。该数据表明，中资商业银行仅在部分国家进行国际化行为，而且国际化的步伐以及时间存在这差异，这些特征使得本文可以运用倍差法（difference-in-difference）来估计中资银行国际化的效果。倍差法的思想是利用受到中资银行国际化影响的处理组（treatment group）在中资银行海外机构设立前后的差异减去未受中资银行国际化影响的对照组（control group）在中资银行海外机构设立前后的差异得出中资银行国际化影响的真实效果。为实证检验中资银行国际化的效果，本文设立以中资企业在某国投资次数的对数为被解释变量，该国是否有中资银行为主解释变量的回归模型。本文设立的基本模型如模型（1）：

$$LODI_{iy} = \alpha + \beta InterBank_{iy} + \lambda X_{iy} + v_i + \gamma_y + \xi_{iy} \tag{1}$$

其中 i 和 y 分别表示国家和年份，$LODI_{iy}$ 表示相应国家相应年份的中资企业 ODI 次数（取对数）；$InterBank_{iy}$ 是主解释变量，代表中资银行在相应国家相应年份的国际化行为，无中资银行设立前为 0，设立当期及以后为 1；X_{iy} 是控制变量，包括 GDP（取对数）、人均 GDP（取对数）、石油出口占总出口比

① 《中资银行海外机构名录（2014 版）》给出了 18 家中资银行金融机构在海外设立了 168 家一级机构。根据对数据的整理，剔除了 2014 年设立的两家海外一级机构以及一家国内中资银行（富滇银行在老挝设立的老中银行于 2014 年 1 月开业）。

重、专利数（取对数）、一国吸收 FDI 占 GDP 比重、一国出口占 GDP 比重、一国银行业资产占 GDP 比重等变量以及监管质量、政府效率、法制水平以及腐败控制等衡量政治风险的变量；v_i 表示国家固定效应，用以控制国家不随时间变化的不可观测特征；γ_y 表示年份的时间固定效应，用以控制国家共同面临的宏观经济波动等；ξ_{iy} 为扰动项。

同时，为便于后文的稳健性检验，本文将中资银行在一国设立的数量作为主解释变量，构建以下模型（2）：

$$LODI_{iy} = \alpha + \beta InterBank\_Num_{iy} + \lambda X_{iy} + v_i + \gamma_y + \xi_{iy} \tag{2}$$

模型（2）中，$InterBank\_Num_{iy}$ 表示在相应年份相应国家中资银行设立的一级分支机构数量，其他变量的含义与模型（1）一致。

（二）数据来源和变量描述

各个变量的说明、预期符号以及数据来源见表 1，时间范围采用 2002 ~ 2013 年数据，各个变量数据的描述性统计见表 10 - 2。

表 10 - 1　变量说明及数据来源

变量	说明	预期符号	数据来源
LODI	中资企业到某国 ODI 次数，取对数	被解释变量	中国商务部
InterBank	中资银行海外机构设立前 = 0，设立当期及以后 = 1	+	中国银监会
LInterBank_N	中资银行在一国设立的一级机构数量，取对数	+	中国银监会
LGDP	一国 GDP 总额，取对数	+	UNCTAD
LPerGDP	一国人均 GDP，取对数	+	UNCTAD
Oil_share	一国石油出口占总出口比重	+	World Bank
LPatent	一国专利数，取对数	+	World Intellectual Property
FDI_R	一国吸收 FDI 占 GDP 比重	+	UNCTAD
Export_R	一国出口占 GDP 比重	+	World Trade Organization
Bank_R	一国银行资产总额占 GDP 比重	+	World Bank

续表

变量	说明	预期符号	数据来源
R_qulaity	一国监管质量。从 -2.5（弱）到 2.5（强）的指数，反映了政府制定并实施监管政策的能力	+	World Bank
G_efficiency	一国政府效率。从 -2.5（弱）到 2.5（强）的指数，反映了政府公共服务的质量，政府独立于政治压力的程度，政策制定和实施的质量，以及政府兑现其承诺的能力	+	World Bank
R_law	一国法制水平。从 -2.5（弱）到 2.5（强）的指数，反映了经济主体遵守规则的程度，及其对规则（尤其是合约实施、产权、法庭的规则）的信心	+	World Bank
C_corrupt	一国腐败控制。从 -2.5（弱）到 2.5（强）的指数，反映了公权力被私用的程度	+	World Bank

表 10-2　　变量描述性统计

变量	观测值	均值	标准差	最小值	最大值
LODI	4246	1.235	1.766	0	8.959
InterBank	4246	0.103	0.304	0	1
LInterBank_N	4246	0.08	0.291	0	2.708
LGDP	2357	9.729	2.478	2.684	16.641
LPerGDP	2357	8.362	1.603	4.406	11.645
Oil_share	2319	7.704	13.197	0	85.973
LPatent	1476	7.626	3.089	0	14.689
FDI_R	2254	168.561	1735.84	0	49675.13
Export_R	2102	57.326	172.63	0.026	2797.752
Bank_R	1653	56.098	48.479	0.631	311.676
R_qulaity	2683	-0.004	0.999	-2.5	2.231
G_efficiency	2584	-0.004	0.999	-2.479	2.429
R_law	2724	-0.005	0.998	-2.5	2.121
C_corrupt	2690	-0.003	0.999	-1.92	2.5

（三）基本回归分析

运用面板固定效应回归方法，采用逐步回归的步骤，得出的基准回归结果见表10－3。第（1）列在主解释变量中仅控制了中资银行国际化，发现中资银行国际化能够导致中资企业ODI增加1.39%并且在1%显著性水平上统计显著。第（2）~（8）列中，随着控制变量的不断增加，中资银行国际化对中资企业ODI的促进作用一直存在并且都在1%显著性水平上统计显著，中资银行国际化对中资企业ODI的影响在0.47%~1.39%之间（假设1成立）。

在其他假设的检验中，第（2）~（8）列的结果中，一国经济总量越大，中资企业对该国进行投资的可能性就越大并且普遍显著；但本文的实证分析发现一个比较有趣的结论，一国人均GDP越大，中资企业对该国进行投资的可能性越小，与预期影响相反。说明中资企业ODI行为寻求相对欠发达国家或地区进行投资，这可能与中国的政策执行有关。2002年中国正式实施“走出去”战略，作为发展中国家，中国鼓励更多企业开拓其他发展中国家以及相对落后国家，并带有一定援助性质；自然资源寻求动机无法得到验证，说明中资企业ODI并非为获取自然资源；第（4）~（6）列中，战略资产获取动机得到验证，但在第（7）、第（8）列回归结果中并不稳健；FDI开放度指标不显著，说明一国对FDI的政策导向并不是中资企业ODI的决定因素；贸易依存度回归结果显著，但是与预期影响相反。金融发展水平回归结果显著，但是与预期影响相反。这两点说明中国选取金融发展较弱的、贸易依存度较小的国家进行投资，这与中国选取人均GDP较小的国家进行投资是一致的；政治风险因素中，监管质量与政府效率的结果是显著的，监管质量与预期一致，但政府效率与预期相反，对于这点，本文认为这与中国政策导向的关系较大。

（四）稳健性检验

为检验本文基准回归的稳健性，基于三个方面进行稳健性检验：一是运用面板固定效应模型对中资银行设立海外分支机构数量对ODI影响进行分析；二是运用面板Tobit回归对中资商业银行是否设立分支机构以及设立数量等两个维度进行分析；三是检验平衡趋势假设。

表 10 – 3 中资银行国际化与中资企业 ODI（基准回归）

	(1) LODI	(2) LODI	(3) LODI	(4) LODI	(5) LODI	(6) LODI	(7) LODI	(8) LODI
InterBank	1. 3948 *** (0. 0874)	0. 7624 *** (0. 0978)	0. 6137 *** (0. 1069)	0. 4799 *** (0. 1163)	0. 4808 *** (0. 1164)	0. 4692 *** (0. 1155)	0. 4827 *** (0. 1689)	0. 5136 *** (0. 1693)
LGDP		1. 1695 *** (0. 2548)	0. 6478 ** (0. 3080)	2. 3844 *** (0. 6026)	2. 3933 *** (0. 6035)	2. 0656 *** (0. 6244)	1. 6019 * (0. 8767)	1. 7011 * (0. 8807)
LPerGDP		–0. 5235 ** (0. 2614)	–0. 2708 (0. 3227)	–2. 2811 *** (0. 6032)	–2. 2985 *** (0. 6043)	–2. 1011 *** (0. 6155)	–1. 7148 ** (0. 8548)	–1. 9174 ** (0. 8651)
Oil_share			–0. 0005 (0. 0036)	–0. 0005 (0. 0060)	–0. 0001 (0. 0064)	0. 0003 (0. 0065)	–0. 0020 (0. 0079)	–0. 0017 (0. 0080)
LPatent				0. 1789 *** (0. 0452)	0. 1663 *** (0. 0472)	0. 1491 *** (0. 0472)	0. 0552 (0. 0581)	0. 0514 (0. 0579)
FDI_R					–0. 0003 (0. 0003)	–0. 0003 (0. 0003)	–0. 0004 (0. 0003)	–0. 0005 (0. 0003)
Export_R						–0. 0134 *** (0. 0041)	–0. 0163 *** (0. 0052)	–0. 0166 *** (0. 0051)
Bank_R							–0. 0033 ** (0. 0016)	–0. 0040 ** (0. 0017)
R_qulaity								0. 7625 *** (0. 2122)

续表

	(1) LODI	(2) LODI	(3) LODI	(4) LODI	(5) LODI	(6) LODI	(7) LODI	(8) LODI
G_efficiency								−0. 4706** (0. 2052)
R_law								−0. 0432 (0. 2561)
C_corrupt								−0. 1215 (0. 1856)
常数项	0. 0785** (0. 0400)	−6. 4644*** (0. 6987)	−4. 0694*** (0. 9946)	−7. 7386*** (1. 8191)	−7. 5977*** (1. 8251)	−5. 0738** (2. 0451)	−2. 3591 (2. 8371)	−1. 7283 (2. 8401)
Adjust − R^2	0. 4437	0. 6094	0. 6738	0. 7340	0. 7343	0. 7409	0. 6780	0. 6840
国家固定效应	有	有	有	有	有	有	有	有
时间固定效应	有	有	有	有	有	有	有	有

注：括号内为标准误，$*p<0.1$，$**p<0.05$，$***p<0.01$。

第一，中资银行设立海外分支机构数量检验。

表 10－4 是模型（2）运用面板固定效应模型回归的结果。通过表 10－4 的分析，本文发现中资银行在海外分支机构设立的数量与中资企业 ODI 存在正向关系，且中资银行海外分支机构设立数量每增加 1%，中资企业 ODI 的增加在 0.99%～1.78%之间，说明中资银行海外分支机构的设立能够显著促进中资企业 ODI 的增加，且在 1%的显著性水平下统计显著（假设 2 成立）。

第二，面板 Tobit 模型回归。

通过面板 Tobit 回归模型分析，表 10－5 的结果表明：中资银行的国际化行为对中资企业 ODI 存在显著正向影响，中资银行国际化对企业 ODI 的影响在 0.11%～0.26%之间；表 10－6 的结果表明：中资银行海外分支机构的设立数量对中资企业 ODI 存在显著正向影响，中资银行海外分支机构数量每增加 1%，对企业 ODI 的影响在 0.37%～0.6%之间。进一步验证了前述基准回归分析的稳健性。

第三，平衡趋势假设检验。

倍差法估计有效的一个前提是平行趋势假设，即处理组和对照组在中资银行设立之前应有相同的变动趋势。我们借助事件研究法（event-study）来考察中资银行国际化的效果是否发生在中资银行海外分支机构设立之后，而在中资银行设立之前中资企业 ODI 在各国的变动趋势没有显著差异。我们在模型（1）的基础上设定如下的回归模型（3）：

$$LODI_{iy} = \alpha + \sum_{j=-3,j\neq-1}^{3} \beta_j InterBank_{ij} + \lambda X_{iy} + v_i + \gamma_y + \xi_{iy} \quad (3)$$

其中 $InterBank_{ij}$ 代表一组虚拟变量，当中资银行在 i 国设立分支机构 j 年时取 1，反之（包括未设立的国家）取 0。3 代表中资银行海外分支机构设立 3 年及以后，中资银行设立海外分支机构的前一年作为基准组。如果估计系数 β_{-3}～β_{-2} 统计上不显著异于 0，则表明平衡趋势假设成立。而 β_0～β_3 则表示随着时间的演进，中资银行海外分支机构设立对企业 *ODI* 的影响随时间的变化。

表 10－7 是平衡趋势假设检验回归结果。以中资商业银行设立海外分支机构的前一年为基准组，从表 10－7 中可以看出，中资商业银行设立前，中资企业在设立国家与未设立国家 ODI 变动趋势没有明显的差异，表现为 β_{-3}～β_{-2} 统计上不显著异于 0。中资商业银行海外分支机构设立对中资企业 ODI 的影响在中资银行海外分支机构 1 年后变得显著，并且随着时间的推移，中资银行设立海外分支机构对中资企业 ODI 的影响逐渐增大（假设 3 成立）。平衡假设检验成立。

表 10 -4　中资银行设立海外分支机构数量与中资企业 ODI

	(1) LODI	(2) LODI	(3) LODI	(4) LODI	(5) LODI	(6) LODI	(7) LODI	(8) LODI
LInterBank_N	1.779*** (0.066)	1.2736*** (0.0795)	1.1669*** (0.0878)	1.0097*** (0.0933)	1.0082*** (0.0934)	0.9871*** (0.0929)	1.1089*** (0.1319)	1.0855*** (0.1321)
LGDP		1.1304*** (0.2401)	0.8381*** (0.2897)	2.6234*** (0.5708)	2.6349*** (0.5718)	2.3000*** (0.5922)	2.0217** (0.8380)	2.0626** (0.8438)
LPerGDP		-0.4139* (0.2479)	-0.3142 (0.3049)	-2.325*** (0.5710)	-2.343*** (0.5722)	-2.131*** (0.5835)	-1.939** (0.8156)	-2.0873** (0.8274)
Oil_share			-0.0017 (0.0034)	-0.0051 (0.0057)	-0.0053 (0.0060)	-0.0055 (0.0062)	-0.0076 (0.0076)	-0.0070 (0.0077)
LPatent				0.1277*** (0.0430)	0.1174*** (0.0448)	0.1025** (0.0449)	0.0344 (0.0554)	0.0330 (0.0553)
FDI_R					-0.0002 (0.0002)	-0.0002 (0.0002)	-0.0003 (0.0003)	-0.0004 (0.0003)
Export_R						-0.012*** (0.0039)	-0.018** (0.0049)	-0.018*** (0.0049)
Bank_R							-0.004*** (0.0015)	-0.005*** (0.0016)
R_qulaity								0.6779*** (0.2023)

续表

	(1) LODI	(2) LODI	(3) LODI	(4) LODI	(5) LODI	(6) LODI	(7) LODI	(8) LODI
G_efficiency								-0.3253* (0.1971)
R_law								-0.1109 (0.2453)
C_corrupt								-0.0833 (0.1770)
常数项	0.147*** (0.037)	-6.911*** (0.6615)	-5.512*** (0.9453)	-9.499*** (1.7270)	-9.392*** (1.7332)	-6.986*** (1.9426)	-4.6783* (2.7239)	-3.9385 (2.7339)
Adjust - R^2	0.5011	0.6414	0.7034	0.7617	0.7618	0.7672	0.7067	0.7105
国家固定效应	有	有	有	有	有	有	有	有
时间固定效应	有	有	有	有	有	有	有	有

注：括号内为标准误，$*p<0.1$，$**p<0.05$，$***p<0.01$。

表 10-5　中资银行国际化与中资企业 ODI（面板 Tobit 回归）

	(1) LODI	(2) LODI	(3) LODI	(4) LODI	(5) LODI	(6) LODI	(7) LODI	(8) LODI
InterBank	0. 2600*** (0. 0590)	0. 1130* (0. 0694)	0. 1302* (0. 0792)	0. 1978** (0. 0901)	0. 1929** (0. 0900)	0. 1852** (0. 0905)	0. 2255* (0. 1342)	0. 1971* (0. 1331)
LGDP		0. 6854*** (0. 0500)	0. 6683*** (0. 0557)	0. 5765*** (0. 0876)	0. 6009*** (0. 0896)	0. 5737*** (0. 0924)	0. 6672*** (0. 1010)	0. 6923*** (0. 1014)
LPerGDP		-0. 4854*** (0. 0679)	-0. 4779*** (0. 0762)	-0. 4355*** (0. 0979)	-0. 4583*** (0. 0990)	-0. 4340*** (0. 1002)	-0. 4565*** (0. 1085)	-0. 7056*** (0. 1329)
Oil_share			0. 0010 (0. 0028)	0. 0007 (0. 0047)	0. 0015 (0. 0050)	0. 0020 (0. 0052)	0. 0080 (0. 0061)	0. 0074 (0. 0060)
LPatent				0. 0653* (0. 0427)	0. 0768* (0. 0437)	0. 0839* (0. 0442)	0. 0412 (0. 0533)	0. 0489 (0. 0537)
FDI_R					0. 0013** (0. 0006)	0. 0013** (0. 0006)	0. 0019** (0. 0008)	0. 0015** (0. 0008)
Export_R						-0. 0009 (0. 0029)	0. 0030 (0. 0035)	0. 0021 (0. 0035)
Bank_R							-0. 0026* (0. 0014)	-0. 0049*** (0. 0015)
R_qulaity								0. 3560* (0. 1856)

续表

	(1) LODI	(2) LODI	(3) LODI	(4) LODI	(5) LODI	(6) LODI	(7) LODI	(8) LODI
G_efficiency								−0. 3900 ** (0. 1787)
R_law								0. 4727 ** (0. 2116)
C_corrupt								0. 1831 (0. 1650)
常数项	−3. 534 *** (0. 0939)	−4. 6785 *** (0. 4695)	−4. 3951 *** (0. 5080)	−4. 2141 *** (0. 6685)	−4. 4278 *** (0. 6761)	−4. 3354 *** (0. 7051)	−4. 9160 *** (0. 7740)	−3. 1518 *** (0. 9414)
sigma_u	3. 0836 *** (0. 1449)	1. 7192 *** (0. 1019)	1. 3768 *** (0. 0912)	1. 3390 *** (0. 1079)	1. 3469 *** (0. 1090)	1. 3395 *** (0. 1088)	1. 3001 *** (0. 1152)	1. 2809 *** (0. 1118)
sigma_e	0. 4707 *** (0. 0079)	0. 4518 *** (0. 0091)	0. 4434 *** (0. 0105)	0. 4529 *** (0. 0127)	0. 4522 *** (0. 0126)	0. 4521 *** (0. 0127)	0. 4582 *** (0. 0154)	0. 4508 *** (0. 0151)

注：括号内为标准误，*$p<0.15$，**$p<0.05$，***$p<0.01$。

表 10-6　中资银行设立海外分支机构数量与中资企业 ODI（面板 Tobit 回归）

	(1) LODI	(2) LODI	(3) LODI	(4) LODI	(5) LODI	(6) LODI	(7) LODI	(8) LODI
LInterBank_N	0.485*** (0.047)	0.3678*** (0.0595)	0.4316*** (0.0679)	0.5504*** (0.0746)	0.5547*** (0.0744)	0.5513*** (0.0750)	0.5999*** (0.1068)	0.5484*** (0.1072)
LGDP		0.6716*** (0.0480)	0.6618*** (0.0543)	0.6040*** (0.0858)	0.6324*** (0.0879)	0.6062*** (0.0906)	0.6772*** (0.1002)	0.6994*** (0.1003)
LPerGDP		-0.4492*** (0.0658)	-0.4447*** (0.0744)	-0.3945*** (0.0957)	-0.4191*** (0.0971)	-0.3972*** (0.0982)	-0.4145*** (0.1081)	-0.6423*** (0.1317)
Oil_share			0.0006 (0.0027)	-0.0018 (0.0045)	-0.0013 (0.0049)	-0.0012 (0.0050)	0.0045 (0.0060)	0.0043 (0.0059)
LPatent				0.0294 (0.0414)	0.0396 (0.0422)	0.0454 (0.0428)	0.0257 (0.0516)	0.0310 (0.0524)
FDI_R					0.0014** (0.0006)	0.0014** (0.0006)	0.0021*** (0.0008)	0.0017** (0.0008)
Export_R						-0.0009 (0.0027)	0.0021 (0.0034)	0.0014 (0.0034)
Bank_R							-0.0031** (0.0014)	-0.0050*** (0.0015)
R_qulaity								0.3258* (0.1800)

续表

	(1) LODI	(2) LODI	(3) LODI	(4) LODI	(5) LODI	(6) LODI	(7) LODI	(8) LODI
G_efficiency								-0. 3107 * (0. 1740)
R_law								0. 3422 * (0. 2078)
C_corrupt								0. 1999 (0. 1602)
常数项	-3. 45 *** (0. 093)	-4. 7552 *** (0. 4556)	-4. 5059 *** (0. 4926)	-4. 4854 *** (0. 6446)	-4. 7204 *** (0. 6545)	-4. 6123 *** (0. 6812)	-5. 0890 *** (0. 7613)	-3. 4846 *** (0. 9239)
sigma_u	3. 059 *** (0. 145)	1. 6821 *** (0. 0991)	1. 3481 *** (0. 0885)	1. 3178 *** (0. 1049)	1. 3309 *** (0. 1068)	1. 3234 *** (0. 1065)	1. 3101 *** (0. 1149)	1. 2862 *** (0. 1116)
sigma_e	0. 459 *** (0. 008)	0. 4445 *** (0. 0090)	0. 4331 *** (0. 0102)	0. 4354 *** (0. 0122)	0. 4341 *** (0. 0122)	0. 4343 *** (0. 0122)	0. 4420 *** (0. 0148)	0. 4374 *** (0. 0147)

注：括号内为标准误，* $p<0.1$，** $p<0.05$，*** $p<0.01$。

表 10－7　　平衡趋势假设检验回归

	(1) LODI	(2) LODI	(3) LODI
InterBank_3	－0. 2032** (0. 0846)	－0. 1973 (0. 1384)	－0. 1679 (0. 1372)
InterBank_2	0. 0549 (0. 1089)	0. 1941 (0. 1774)	0. 1923 (0. 1753)
InterBank_0	－0. 1044 (0. 1095)	－0. 0083 (0. 1704)	－0. 0019 (0. 1687)
InterBank1	0. 0302 (0. 1094)	0. 0499 (0. 1933)	0. 0127 (0. 1913)
InterBank2	0. 1932* (0. 1098)	0. 3575* (0. 1999)	0. 3441* (0. 1983)
InterBank3	0. 5639*** (0. 1009)	0. 9093*** (0. 1777)	0. 8804*** (0. 1770)
LGDP		0. 6451*** (0. 0975)	0. 6568*** (0. 0979)
LPerGDP		－0. 3802*** (0. 1043)	－0. 5195*** (0. 1284)
Oil_share		0. 0051 (0. 0058)	0. 0044 (0. 0057)
LPatent		0. 0220 (0. 0497)	0. 0334 (0. 0503)
FDI_R		0. 0019*** (0. 0007)	0. 0016** (0. 0007)
Export_R		－0. 0005 (0. 0033)	－0. 0010 (0. 0033)
Bank_R		－0. 0025* (0. 0013)	－0. 0040*** (0. 0014)
R_qulaity			0. 3933** (0. 1723)

续表

	(1) LODI	(2) LODI	(3) LODI
G_efficiency			−0.4742*** (0.1675)
R_law			0.2460 (0.1987)
C_corrupt			0.1962 (0.1538)
常数项	−3.8392*** (0.1151)	−4.7897*** (0.7389)	−3.8159*** (0.8994)
sigma_u	3.3274*** (0.1779)	1.2650*** (0.1114)	1.2505*** (0.1096)
sigma_e	0.4584*** (0.0078)	0.4234*** (0.0142)	0.4183*** (0.0141)

中资银行海外分支机构的设立能够显著促进中资企业 ODI 的增长；而且随着中资银行海外分支机构设立的数量逐渐增多，对中资企业 ODI 的推动作用逐渐变大。动态来看，随着中资银行海外分支机构设立时间的增长，对中资企业 ODI 的影响逐渐增大。就中资银行国际化对中资企业 ODI 的作用机制来看，本文认为有以下两个机制：一是中资银行国际化缓解了国内企业面临的融资约束。已有的研究认为中国是金融发展水平较低的国家，金融抑制程度较高，企业面临较大的信贷约束，从而限制了企业的出口以及 ODI 决策（王伟等，2013；卢春燕，2014；李磊和包群，2015；刘莉亚等，2015；吕越和盛斌，2015）。中资银行的国际化能够在一定程度上缓解国内企业面临的融资约束，从而推动企业“走出去”；二是随着中资银行海外分支机构的设立，能够带给国内企业“知识溢出”效应。中资银行在海外设立分支机构后，能够更为详尽的掌握当地的经济增长情况、经济政策、产业政策、当地居民的消费习惯以及风俗习惯等，这些“知识”对于中资企业“走出去”具有重要的影响。中资银行海外分支机构对于此类“知识”的收集为中资企业“走出去”产生了积极的“知识溢出”效应。两个作用机制的检验受制于数据的缺失，但也

为以后的研究指明了方向。

五、结论与对策

中资银行国际化对企业 ODI 的影响一直以来被学术界所忽视，前者对后者是否存在影响，存在怎样的影响？本文利用中国银监会国际部编写的《中资商业银行海外分支机构名录》以及商务部走出去数据库中关于《境外投资企业（机构）名录》，运用 2002～2013 年的数据分析中资银行国际化经营与企业 ODI 之间的关系，得出以下结论：第一，中资银行海外分支机构的设立显著地提升了中资企业的 ODI 水平，平均来看是中资企业 ODI 增长 0.47%～1.39%；第二，中资银行海外分支机构设立的数量显著提升了中资企业的 ODI 水平，中资银行海外分支机构设立的数量越多，对中资企业 ODI 的带动作用就明显，平均看来，中资银行海外分支机构设立数量每增加 1%，中资企业 ODI 的增加 0.99%～1.78%；第三，运用面板 Tobit 回归模型分析认为，中资银行海外分支机构的设立及数量的增加对中资企业 ODI 影响有所减小，但并没有改变显著性；第四，中资商业银行海外分支机构设立对中资企业 ODI 的影响在中资银行海外分支机构 1 年后变得显著，并且随着时间的推移，中资银行设立海外分支机构对中资企业 ODI 的影响逐渐增大。在实证研究的基础上，本文从缓解国内企业融资约束以及为国内企业带来“知识溢出”两个角度，探讨了中资银行海外分支机构的设立对中资企业 ODI 产生影响的作用机制。其他中资企业 ODI 影响因素中，GDP 以及监管质量对中资企业 ODI 有显著正向影响，人均 GDP、一国出口占 GDP 比重、一国银行业资产占 GDP 比重等变量对中资企业 ODI 有显著负向影响。

研究结论具有重要的政策含义：2015 年 12 月 18～21 日召开的中央经济工作会议指出：2016 年经济社会发展特别是结构性改革任务十分繁重，重中之重是抓好去产能、去库存、去杠杆、降成本、补短板五大任务。一是积极稳妥化解产能过剩；二是帮助企业降低成本；三是化解房地产库存；四是扩大有效供给；五是防范化解金融风险。企业“走出去”，积极推进“一带一路”建设能够较好地起到化解产能过剩，降低生产成本以及防范化解金融风险的作用。2015 年 10 月 29 日中国共产党第十八届中央委员会第五次全体会议通过的《中共中央关于制定国民经济和社会发展第十三个五年规划的建议》强调：“支持企业扩大对外投资，培育一批跨国企业”。而通过本文的研究，要支持企业“走出去”，扩大对外投资，就应该“扩大金融业双向开放”，尤其鼓励中资银行国际化行为，更多“参与亚洲基础设施投资银行、金砖国家新开发银行建设”，发挥中资银行“走出去”的带动作用，为中资企业 ODI 奠定金融基础。

参考文献

中文部分

[1] 宝贡敏．关于国际直接投资理论的思考——以发展中国家企业向发达国家直接投资动因为中心的分析［J］．国际贸易问题，1996（12）：4－8.

[2] 曾华群．“可持续发展的投资政策框架”与我国的对策［J］．厦门大学学报，（哲学社会科学版），2013（6）：59－67.

[3] 柴林如．中国对外直接投资对国内就业影响分析［J］．河北经贸大学学报，2008（3）：55－58.

[4] 陈林，罗莉娅．中国外资准入壁垒的政策效应研究——兼议上海自由贸易区改革的政策红利［J］．经济研究，2014（4）：104－115.

[5] 陈岩，马利灵，钟昌标．中国对非洲投资决定因素：整合资源与制度视角的经验分析［J］．世界经济，2012（10）：91－112.

[6] 陈岩，杨桓，张斌．中国对外投资动因，制度调节与地区差异［J］．管理科学，2012（3）：112－120.

[7] 陈愉瑜．中国对外直接投资的贸易结构效应［J］．统计研究，2012（9）：44－50.

[8] 程惠芳．对外直接投资与宏观经济的内外均衡发展［J］．经济研究，1998（9）：57－69.

[9] 程惠芳，岑丽君．FDI，产业结构与国际经济周期协动性研究［J］．经济研究，2010（9）：17－28.

[10] 冯春晓．我国对外直接投资与产业结构优化的实证研究——以制造业为例［J］．国际贸易问题，2009（8）：97－104.

[11] 冯丹卿，钟昌标，黄远浙．外资进入速度对内资企业出口贸易的影响研究［J］．世界经济，2013（12）：29－52.

[12] 冯赫．“引进来”与“走出去”：统筹均衡协调发展［J］．国际经济合作，2006（11）：4－9.

[13] 冯涛，赵会玉，杜苗苗．外商在华直接投资区域聚集非均衡性的实

证研究 [J]. 经济学（季刊），2008 (2): 565 - 586.

[14] 傅元海，唐未兵，王展祥. FDI 溢出机制，技术进步路径与经济增长绩效 [J]. 经济研究，2010 (6): 92 - 104.

[15] 干春晖，郑若谷，余典范. 中国产业结构变迁对经济增长和波动的影响 [J]. 经济研究，2011 (5): 4 - 16，31.

[16] 高远东，陈迅. FDI 对中国区域产业结构调整作用的差异化分析——基于东，中，西部面板数据的实证研究 [J]. 软科学，2010 (9): 62 - 66.

[17] 郭进，徐盈之，王书斌. FDI 区位变迁与制造业区际转移——基于省际面板数据的经验证据 [J]. 国际贸易问题，2014 (10): 121 - 131.

[18] 郭熙保，罗知. 外资特征对中国经济增长的影响 [J]. 经济研究，2009 (5): 52 - 65.

[19] 韩民春，张丽娜. 中国制造业 FDI 撤离的就业效应和应对政策的效果 [J]. 数量经济技术经济研究，2015 (9): 56 - 72.

[20] 洪俊杰，林建勇，王星宇. 新常态下"引进外资"与"对外投资"两大战略关系再思考与协调研究 [J]. 国际贸易，2016 (3): 22 - 26.

[21] 黄人杰. 国际投资政策的发展趋势 [J]. 对外经贸，2015 (1): 51 - 54.

[22] 黄益平. 对外直接投资的"中国故事" [J]. 国际经济评论，2013 (1): 20 - 33.

[23] 黄远浙，钟昌标，俞峰. 行业间外资进入速度对内资企业绩效的影响分析 [J]. 国际贸易问题，2014 (3): 123 - 130.

[24] 蒋冠宏，蒋殿春. 中国企业对外直接投资的"出口效应" [J]. 经济研究，2014 (5): 160 - 173.

[25] 蒋凯，杨开忠. 多重视角下的产业转移文献述评 [J]. 开发研究，2011 (3): 34 - 37.

[26] 赖明勇，包群，彭水军，张新. 外商直接投资与技术外溢：基于吸收能力的研究 [J]. 经济研究，2005 (8): 95 - 105.

[27] 赖永剑. 空间动态外部性，企业异质性与出口决定——基于中国制造业企业面板数据 [J]. 中南财经政法大学学报，2011 (2): 94 - 100.

[28] 李翀. 论外商直接投资对我国经济的影响 [J]. 中山大学学报，2008 (2): 166 - 176，209.

[29] 李辉，张雪莲. 进出口贸易和外商直接投资与对外直接投资长期影响效应实证分析 [J]. 内蒙古财经学院学报，2010 (4): 71 - 75.

[30] 李梅. 国际R&D溢出与中国技术进步——基于FDI和OFDI传导机制的实证研究 [J]. 科研管理, 2012 (4): 86-92, 130.

[31] 李梅, 袁小艺, 张易. 制度环境与对外直接投资逆向技术溢出 [J]. 世界经济研究, 2014 (2): 61-74.

[32] 李凝, 胡日东. 转型期中国对外直接投资地域分布特征解析: 基于制度的视角 [J]. 经济地理, 2011 (6): 910-914, 939.

[33] 李晓钟, 张小蒂. 外商直接投资对我国技术创新能力影响及地区差异分析 [J]. 中国工业经济, 2008 (9): 77-87.

[34] 李阳, 臧新, 薛漫天. 经济资源, 文化制度与对外直接投资的区位选择——基于江苏省面板数据的实证研究 [J]. 国际贸易问题, 2013 (4): 148-157.

[35] 李永友, 沈坤荣. 辖区间竞争, 策略性财政政策与FDI增长绩效的区域特征 [J]. 经济研究, 2008 (5): 58-69.

[36] 李友田, 李润国, 翟玉胜. 中国能源型企业海外投资的非经济风险问题研究 [J]. 管理世界, 2013 (5): 1-11.

[37] 李玉梅, 桑百川. FDI与我国内资企业自主创新互动关系的实证分析 [J]. 国家贸易问题, 2011 (2): 126-135.

[38] 林俐. 温州市民营企业进入国际市场战略及其演进 [J]. 国际贸易问题, 2005 (2): 71-74.

[39] 林念. 从企业扬帆到政府起航——关于国际投资协定的讨论 [J]. 国际经济评论, 2013 (1): 152-159.

[40] 刘恩专. 外商直接投资的出口贸易效应分析 [J]. 当代经济科学, 1999 (2): 62-67.

[41] 刘海云, 聂飞. 中国制造业对外直接投资的空心化效应研究 [J]. 中国工业经济, 2015 (4): 83-96.

[42] 刘华芹. 上海合作组织贸易投资便利化评估与前景展望 [J]. 国际贸易, 2013 (11): 48-51.

[43] 刘迎秋, 张亮, 魏政. 中国民营企业"走出去"竞争力50强研究——基于2008年中国民营企业"走出去"与竞争力数据库的分析 [J]. 中国工业经济, 2009 (2): 5-14.

[44] 卢进勇, 闫实强. 中国对外投资促进与服务体系建设的演进, 成绩和前景展望 [J]. 国际贸易, 2012 (1): 18-22.

[45] 路江涌. 外商直接投资对内资企业效率的影响和渠道 [J]. 经济研

究，2008（6）：95－106.

［46］罗良文．对外直接投资的就业效应：理论及中国实证研究［J］．中南财经政法大学学报，2007（5）：87－91.

［47］罗伟，葛顺奇．中国对外直接投资区位分布及其决定因素——基于水平型投资的研究［J］．经济学，2013（4）：1443－1464.

［48］马亚明，张岩贵．策略竞争与发展中国家的对外直接投资［J］．南开经济研究，2000（4）：29－32.

［49］毛其淋，许家云．中国对外直接投资促进抑或抑制了企业出口？［J］．数量经济技术经济研究，2014（9）：3－21.

［50］门闯，刘婷．异质性，外资企业生产率与产业集聚［J］．国际商务研究，2014（5）：26－38.

［51］潘素昆，袁然．不同投资动机 OFDI 促进产业升级的理论与实证研究［J］．经济学家，2014（9）：69－76.

［52］潘文卿．外商投资对中国工业部门的外溢效应：基于面板数据的分析［J］．世界经济，2003（6）：3－7.

［53］潘小春，邱立成．加快对外直接投资促进 FDI 流入与流出协调发展［J］．现代管理科学，2012（9）：10－12.

［54］潘颖，刘辉煌．中国对外直接投资与产业结构升级关系的实证研究［J］．统计与决策，2010（2）：102－104.

［55］潘悦．推进中国国际投资合作的新思考［J］．国际贸易，2013（6）：4－10.

［56］裴长洪．吸收外商直接投资与产业结构优化升级——“十一五”时期利用外资政策目标的思考［J］．中国工业经济，2006（1）：33－39.

［57］裴长洪，樊瑛．中国企业对外直接投资的国家特定优势［J］．中国工业经济，2010（7）：45－54，

［58］裴长洪，杨志远．实现我国吸收外商直接投资的新跨越［J］．国际贸易，2011（9）：4－11.

［59］亓朋，许和连，艾洪山．外商直接投资企业对内资企业的溢出效应：对中国制造业企业的实证研究［J］．管理世界，2008（4）：58－68.

［60］邱立成，赵成真．制度环境差异，对外直接投资与风险防范：中国例证［J］．国际贸易问题，2012（12）：112－122.

［61］桑百川，靳朝晖．国际投资规则新发展及对中国的影响［J］．山西大学学报，（哲学社会科学版），2012（3）：224－228.

［62］桑百川，李玉梅．外国直接投资与我国对外贸易失衡［J］．国际贸易问题，2008（6）：83－88.

［63］桑百川，郑伟，杨立卓．新兴经济体引进外商直接投资潜力比较［J］．财贸经济，2013（11）：93－99.

［64］桑琦．关于上海“引进来”与“走出去”的战略思考［J］．世界经济研究，2003（10）：11－13.

［65］桑琦．上海在扩大对外开放中闯出一条“引进来”与“走出去”相结合新路的思考［J］．上海综合经济，2002（12）：39－40.

［66］沈坤荣，耿强．外国直接投资，技术外溢与内生经济增长——中国数据的计量检验与实证分析［J］．中国社会科学，2005（5）：82－93.

［67］沈坤荣，耿强．外国直接投资的外溢效应分析［J］．金融研究，2000（3）：103－110.

［68］沈能，赵增耀，周丹，魏江，郭京京，郭斌，匡海波，张一凡，张连如，张伟．空间异质性假定下 ODFI 逆向技术溢出的门槛效应［J］．科研管理，2013（12）：1－7.

［69］宋泓．引进外资与中国企业和产业的发展［J］．国际经济评论，2005（1－2）：19－21.

［70］宋在斗，陈秀山．外商直接投资与技术进步的相关性研究——基于对 1981～2005 年长三角与珠三角地区的分析［J］．广东社会科学，2009（1）：43－49.

［71］孙建中．资本国际化运营：中国对外直接投资发展研究［M］．经济科学出版社，2000.

［72］孙元欣，徐晨，李津津．上海自贸试验区负面清单（2014 版）的评估与思考［J］．上海经济研究，2014（10）：81－88，99.

［73］谭秀阁，王珏．引进来与走出去需要协调［J］．发展研究，2013（10）：27－31.

［74］谭秀阁，王珏．中国吸引外资与对外投资：面临的问题及因应策略［J］．兰州商学院学报，2013（6）：25－30.

［75］田素华，杨烨超．FDI 进入中国区位变动的决定因素：基于 D－G 模型的经验研究［J］．世界经济，2012（11）：59－87.

［76］汪琦．本土技术创新，外国技术溢出与我国制造业贸易竞争优势互动性的实证分析［J］．国际贸易问题，2007（11）：89－94.

［77］汪琦．对外直接投资对投资国的产业结构调整效应及其传导机制

[J]. 国际贸易问题，2004 (5)：73 -77.

[78] 王静. FDI 促进中国各地区产业结构优化的门限效应研究 [J]. 世界经济研究，2014 (3)：73 -79.

[79] 王曦. 论我国外商直接投资的规模管理 [J]. 经济研究，1998 (5)：30 -35.

[80] 王永钦，杜巨澜，王凯. 中国对外直接投资区位选择的决定因素：制度，税负和资源禀赋 [J]. 经济研究，2014 (12).

[81] 王育红. "引进来"与"走出去"：交替结合深入发展 [J]. 国际经济合作，2004 (7)：4 -9.

[82] 王增涛，庞妙庭，赵春艳. 我国吸引外资与对外投资关系的实证研究 [J]. 财政研究，2009 (4)：28 -30.

[83] 魏后凯，贺灿飞，王新. 外商在华直接投资动机与区位因素分析 [J]. 经济研究，2001 (2)：67 -76，94.

[84] 武鹏，潘小春. 我国 FDI 流入与流出协调发展：现状，问题与政策建议 [J]. 经济问题探索，2014 (7)：156 -161.

[85] 冼国明，杨锐. 技术累积，竞争策略与发展中国家对外直接投资 [J]. 经济研究，1998 (11)：56 -63.

[86] 项本武. 中国对外直接投资的贸易效应研究——基于面板数据的协整分析 [J]. 财贸经济，2009 (4)：77 -83.

[87] 肖光恩. 对外经济合作决定因素的实证分析——以湖北省为例 [J]. 郑州航空工业管理学院学报，2009 (2)：46 -49.

[88] 肖勤福. 坚持"引进来"与"走出去"相结合全面提高对外开放水平 [J]. 科学社会主义，2002 (6)：40 -47.

[89] 谢建国. 市场竞争，东道国引资政策与跨国公司的技术转移 [J]. 经济研究，2007 (6)：87 -97.

[90] 谢建国. 外商直接投资与中国的出口竞争力——一个中国的经验研究 [J]. 世界经济研究，2003 (7)：34 -39.

[91] 谢康，于蕾. "引进来"与"走出去"相结合的中国对外投资战略 [J]. 世界经济研究，2003 (6)：12 -16.

[92] 邢斐，宋毅. FDI 纵向一体化，技术转移与东道国产业发展 [J]. 财经研究，2015 (5)：123 -133.

[93] 熊伟，熊英，章玲. 论制度全面影响对外直接投资的机制——以修正的国际生产折衷理论为基础 [J]. 改革与战略，2008 (6)：17 -19，69.

［94］徐婧，朱启荣．对外直接投资政策体系的问题与对策［J］．国际经济合作，2008（5）：9－13.

［95］许和连，魏颖绮，赖明勇，王晨刚．外商直接投资的后向链接溢出效应研究［J］．管理世界，2007（4）：24－31，39.

［96］寻舸．促进国内就业的新途径：扩大对外直接投资［J］．财经研究，2002（8）：77－80.

［97］阎大颖，洪俊杰，任兵．中国企业对外直接投资的决定因素：基于制度视角的经验分析［J］．南开管理评论，2009（6）：135－142，149.

［98］羊子林．关于加快实施“走出去”战略的思考［J］．求是，2005（7）：47－49.

［99］杨建清．中国对外直接投资产业升级效应的区域比较研究［J］．云南财经大学学报，2015（2）：39－44.

［100］杨先明，袁帆．为什么 FDI 没有西进——从产业层面分析［J］．经济学家，2009（3）：52－61.

［101］殷德生．市场开放促进了产业升级吗？——理论及来自中国制造业的证据［J］．世界经济文汇，2012（1）：17－32.

［102］尹小剑．对外直接投资与产业结构优化的灰关联分析与趋势预测——来自中国 FDI 行业数据的证据［J］．世界经济与政治论坛，2010（5）：13－25.

［103］于超，葛和平．对外直接投资的母国就业效应研究［J］．统计与决策，2011（20）：123－125.

［104］余官胜，林俐．企业海外集群与新晋企业对外直接投资区位选择——基于浙江省微观企业数据［J］．地理研究，2015（2）：364－372.

［105］余官胜，林俐．我国企业对外直接投资投向哪国，（地）集群？——基于浙江省样本的计数模型实证研究［J］．中南财经政法大学学报，2014（5）：125－132.

［106］喻世友，史卫，林敏．外商直接投资对内资企业技术效率的溢出渠道研究［J］．世界经济，2005（6），44－52.

［107］袁诚，陆挺．外商直接投资与管理知识溢出效应：来自中国民营企业家的证据［J］．经济研究，2005（3）：69－79.

［108］袁平红．多重视角下的制造业升级文献述评［J］．经济问题探索，2013（12）：184－190.

［109］詹晓宁，葛顺奇．出口竞争力与跨国公司 FDI 的作用［J］．世界经

济，2002（11）：19－25.

［110］张春萍．中国对外直接投资的贸易效应研究［J］．数量经济技术经济研究，2012（6）：74－85.

［111］张萃，赵伟．中国引进 FDI 空间分布差异：规范测算与成因分析［J］．统计与决策，2011（7）：87－90.

［112］张建刚，康宏，康艳梅．就业创造还是就业替代——OFDI 对中国就业影响的区域差异研究［J］．中国人口资源与环境，2013（1）：126－131.

［113］张建红，葛顺奇，周朝鸿．产业特征对产业国际化进程的影响——以跨国并购为例［J］．南开经济研究，2012（2）：3－19.

［114］张建红，周朝鸿．中国企业走出去的制度障碍研究——以海外收购为例［J］．经济研究，2010（6）：80－91，119.

［115］张健敏，葛顺奇．中国承接产业转移的模式变化及政策选择［J］．国际经济合作，2014（4）：11－14.

［116］张洛民，王增涛．中国吸引外资与对外投资的比较分析［J］．经济问题，2009（12）：28－30，70.

［117］张同升，梁进社，宋金平．中国制造业省区间分布的集中与分散研究［J］．经济地理，2005（3）：315－319，332.

［118］张宇，蒋殿春．FDI，政府监管与中国水污染——基于产业结构与技术进步分解指标的实证检验［J］．经济学，（季刊），2014（2）：491－514.

［119］张远鹏，李玉杰．对外直接投资对中国产业升级的影响研究［J］．世界经济与政治论坛，2014（6）：1－15，29.

［120］赵伟，张萃．FDI 与中国制造业区域集聚，基于 20 个行业的实证分析［J］．经济研究，2007（11）：82－90.

［121］钟昌标．外商直接投资地区间溢出效应研究［J］．经济研究，2010（1）：80－89.

［122］钟昌标．外资与区域经济增长关系的理论与实证［J］．数量经济技术经济研究，2000（1）：31－33.

［123］钟昌标．影响中国电子行业出口决定因素的经验分析［J］．经济研究，2007（9）：62－70.

［124］钟昌标，黄远浙．外资进入速度与节奏对我国企业绩效影响的实证研究［M］．经济科学出版社，2014.

［125］钟昌标，黄远浙，刘伟．外商直接投资最佳行业渗透水平——基于溢出效应视角的实证分析［J］．南开经济研究，2013（6）：19－36.

[126] 钟昌标，黄远浙，刘伟．新兴经济体海外研发对母公司创新影响的研究——基于渐进式创新和颠覆式创新视角 [J]. 南开经济研究，2014 (6)：91-104.

[127] 钟昌标，俞峰，黄远浙．外商直接投资溢出效应产生中时间的作用 [J]. 世界经济研究，2014 (7)：61-66.

[128] 钟昌标，张强，黄远浙，江新会．时间压缩下外资对内资企业绩效影响分析 [J]. 管理世界，2013 (10)：182-183.

[129] 周继红，全球化中的吸引外资新取向 [J]. 国际贸易问题，2003 (4)：36-39.

[130] 周升起，OFDI 与投资国（地区）产业结构调整：文献综述 [J]. 国际贸易问题，2011 (7)：135-144.

[131] 朱华．关于"引进来"与"走出去"相互关系的理论思考 [J]. 大连海事大学学报，(社会科学版)，2010 (1)：5-7，11.

[132] 朱华．中国"引进来"，"走出去"战略评析及其下一步 [J]. 改革，2009 (4)：121-128.

[133] 朱顺林．逆向嵌入国际研发网络：民营企业自主创新能力培育的有效路径 [J]. 经济体制改革，2011 (5)：93-97.

[134] 庄宗明，刘崎峰．外商投资与厦门的产业结构调整 [J]. 国际经济合作，1998 (2)：35-38.

[135] 宗芳宇，路江涌，武常岐．双边投资协定，制度环境和企业对外直接投资区位选择 [J]. 经济研究，2012 (5)：71-82，146.

[136] 邹建华，韩永辉．引资转型，FDI 质量与区域经济增长——基于珠三角面板数据的实证分析 [J]. 国际贸易问题，2013 (7)：147-157.

[137] 祖强，曹慧．独资和控股：跨国公司在华投资倾向面面观 [J]. 国际经济合作，2005 (2)：175-182.

[138] 林毅夫，蔡昉，李周．比较优势与发展战略——对"东亚奇迹"的再解释 [J]. 中国社会科学，1999 (5)：4-20，204.

[139] 王根军．比较劣势产业对外直接投资与我国产业升级 [J]. 云南财贸学院学报（社会科学版)，2004 (3)：8-9.

[140] 杨建清，陈思．对外投资促进产业升级的机理与对策 [J]. 经济纵横，2012 (6)：41-44.

[141] 王滢淇，阚大学．对外直接投资的产业结构效应——基于省级动态面板数据的实证研究 [J]. 湖北社会科学，2013 (5)：82-85.

[142] 项本武. 东道国特征与中国对外直接投资的实证研究 [J]. 数量经济技术经济研究, 2009 (7): 33-46.

[143] 毛其淋, 许家云. 中国企业对外直接投资是否促进了企业创新 [J]. 世界经济, 2014 (8): 98-125.

[144] 马淑琴, 张晋. 中国 ODI 能导致产业空心化吗? ——以浙江和广东为例 [J]. 经济问题, 2012 (7): 32-34, 57.

[145] 王立国, 鞠蕾. 地方政府干预、企业过度投资与产能过剩: 26 个行业样本 [J]. 改革, 2012 (12): 52-62.

[146] 陈清泰. 经济转型与产业升级的几个问题 [J]. 中国软科学, 2014 (1): 24-28.

[147] 王春晖, 赵伟. 集聚外部性与地区产业升级: 一个区域开放视角的理论模型 [J]. 国际贸易问题, 2014 (4): 67-77.

[148] 王瑞静. 日本"产业空心化"研究——兼论我国预防"产业空心化"的措施 [D]. 南京: 南京财经大学, 2010.

[149] 江瑞平. 日本产业空心化的实态、症结及其"中国因素" [J]. 日本学刊, 2003 (3): 6-18.

[150] 潘未名. 跨国公司的海外生产对母国"产业空心化"的影响 [J]. 国际贸易问题, 1994 (12): 14-18, 13.

[151] 张驰. 跨国公司的海外生产与母国的"产业空心化" [J]. 世界经济, 1994 (2): 77-78.

[152] 庞德良. 日本海外直接投资与产业空心化 [J]. 日本学刊, 1998 (3): 49-59.

[153] 戴激波. 日本产业"空心化"及其对亚太经济的影响 [J]. 当代亚太, 1997 (2): 44-49.

[154] 刘红霞. 中国境外投资风险及其防范研究 [J]. 中央财经大学学报, 2006 (3): 63-67.

[155] 王文创, 陈泰锋. 关于建立境外投资风险防范体系的思考 [J]. 国际经济合作, 2006 (8): 21-23.

[156] 徐充, 韩师光. 中国企业境外直接投资风险规避研究 [J]. 当代经济研究, 2014 (3): 82-85.

[157] 田泽. 中国企业对非洲境外投资风险评价研究 [J]. 现代经济探讨, 2014 (11): 30-34.

[158] 田泽. 中国企业境外投资风险的评价研究——以江浙沪企业为例

[J]. 现代经济探讨, 2013 (11): 46-50.

[159] 聂名华, 颜晓晖. 境外直接投资风险识别及其模糊综合评价 [J]. 中南财经政法大学学报, 2007 (2): 86-90.

[160] 颜晓晖. 境外直接投资风险的灰关联评价及案例研究 [J]. 国际贸易问题, 2007 (6): 117-121.

[161] 聂名华, 颜晓晖. 企业境外直接投资集成风险管理系统研究 [J]. 国际贸易, 2008 (5): 40-45.

[162] 杨长勇. 中小企业"走出去"的风险和制约因素分析 [J]. 宏观经济管理, 2010 (3): 60-61.

[163] 潘文年. 中国出版业"走出去": 跨国经营的文化风险分析——以跨文化传播为理论视角 [J]. 国际新闻界, 2010 (9): 72-78.

[164] 李顺德. 企业"走出去"的专利风险 [J]. 知识产权, 2013 (1): 66-69.

[165] 韩振海, 袁莹. 金融危机背景下"走出去"的风险及对策 [J]. 宏观经济管理, 2013 (3): 57-58.

[166] 刘锡良, 董青马. "走出去"战略中我国企业金融风险分担机制研究 [J]. 国际贸易, 2013 (1): 27-33.

[167] 杨天福, 周家义. 新形势下"走出去"企业的外汇风险控制 [J]. 国际经济合作, 2013 (7): 56-57.

[168] 李福胜. 中国企业"走出去"面临的国家风险研究 [J]. 拉丁美洲研究, 2006 (6): 51-55, 80.

[169] 马林, 钟昌标. 在供应链管理环境下"走出去"企业的汇率风险决策分析 [J]. 中国软科学, 2004 (7): 93-96.

[170] 李霞. 中国对外投资的环境风险综述与对策建议 [J]. 中国人口·资源与环境, 2015 (7): 62-67.

[171] 朱萌, 戴慧. 中国企业实施"走出去"战略的融资风险控制研究 [J]. 国际贸易, 2016 (5): 48-51, 64.

[172] 袁天荣, 杨宝. 海外并购整合风险控制框架研究 [J]. 中南财经政法大学学报, 2013 (2): 129-135.

[173] 卢国学. 中国企业"走出去"的风险与控制——从综合安全视角审视中国的"一带一路"建设 [J]. 东南亚研究, 2015 (6): 56-63.

[174] 路耀华. 日本企业国际化的发展战略 [J]. 现代日本经济, 1997 (4): 34-36.

[175] 李飞．中央企业境外投资风险控制研究 [D]. 财政部财政科学研究所，2012.

[176] 陈宏辉，贾生华．企业社会责任观的演进与发展：基于综合性社会契约的理解 [J]. 中国工业经济，2003，12 (3).

[177] 崔新健．跨国公司社会责任的概念框架 [J]. 世界经济研究，2007 (4)：64 -68.

[178] 杜晓君，蔡灵莎，史艳华．外来者劣势与国际并购绩效研究 [J]. 管理科学，2014，27 (2)：48 -59.

[179] 高汉祥，郑济孝．公司治理与企业社会责任：同源，分流与融合 [J]. 会计研究，2010 (6)：32 -36.

[180] 管亚梅．在华跨国公司社会责任信息披露的理性选择 [J]. 财经论丛，2014 (12)：53 -60.

[181] 李正．企业社会责任与企业价值的相关性研究——来自沪市上市公司的经验证据 [J]. 中国工业经济，2006 (2)：77 -83.

[182] 孟晓俊，肖作平，曲佳莉．企业社会责任信息披露与资本成本的互动关系——基于信息不对称视角的一个分析框架 [J]. 会计研究，2010 (9)：8.

[183] 沈洪涛，万拓，杨思琴．我国企业社会责任报告鉴证的现状及评价 [J]. 审计与经济研究，2010 (6)：68 -74.

[184] 盛斌，胡博．跨国公司社会责任：从理论到实践 [J]. 南开学报，2008 (4)：116 -123.

[185] 王凤彬，石鸟云．跨国公司外来者劣势及其应对策略 [J]. 财贸经济问题研究，2011.

[186] 喻红阳．跨国经营的外来者劣势研究 [J]. 理论月刊，2012 (2)：185 -188.

[187] 张旭，宋超，孙亚玲．企业社会责任与竞争力关系的实证分析 [J]. 科研管理，2010 (3)：149 -157.

[188] 赵雁海，姚烨．中法企业社会责任差异和趋同的比较研究 [J]. 甘肃社会科学，2013 (2)：224 -228.

[189] 张红军，郑忠良．外资银行进入中国市场影响因素研究——基于多期面板数据分析 [J]. 财贸经济，2009 (4)：45 -51.

[190] 张红军，杨朝军．外资银行进入中国市场的区位选择及动因研究 [J]. 金融研究，2007 (09A)：160 -172.

[191] 邓一星. 我国商业银行国际化经营中的“客户跟随”效应研究 [J]. 华中科技大学, 2008.

[192] 鲁明泓. 制度因素与国际直接投资区位分布: 一项实证研究 [J]. 经济研究, 1999 (7): 57-66.

[193] 杨大楷, 应溶. 我国企业 FDI 的区位选择分析 [J]. 世界经济研究, 2003 (1): 25-28.

[194] 程惠芳, 阮翔. 用引力模型分析中国对外直接投资的区位选择 [J]. 世界经济, 2004 (11): 23-30.

[195] 何本芳, 张祥. 我国企业对外直接投资区位选择模型探索 [J]. 财贸经济, 2009 (2): 96-101.

[196] 李磊, 郑昭阳. 议中国对外直接投资是否为资源寻求型 [J]. 国际贸易问题, 2012 (2): 146-157.

[197] 蒋冠宏, 蒋殿春. 中国对外投资的区位选择: 基于投资引力模型的面板数据检验 [J]. 世界经济, 2012 (9): 21-40.

[198] 孙大超, 杨娇辉. 金融发展是否能够促进海外直接投资——基于面板分位数的经验分析, 王伟 [J]. 国际贸易问题, 2013 (9): 120-131.

[199] 张吉鹏, 衣长军. 东道国技术禀赋与中国企业 ODI 区位选择——文化距离的调节作用 [J]. 工业技术经济, 2014 (4): 90-97.

[200] 卢春艳. 生产率、融资约束与对外直接投资 [J]. 南开大学, 2014.

[201] 李磊, 包群. 融资约束制约了中国工业企业的对外直接投资吗? [J]. 财经研究, 2015, 41 (6).

[202] 刘莉亚, 何彦林, 王照飞, 程天笑. 融资约束会影响中国企业对外直接投资吗? ——基于微观视角的理论和实证分析 [J]. 金融研究, 2015 (8): 124-140.

[203] 吕越, 盛斌. 融资约束是制造业企业出口和 ODI 的原因吗? ——来自中国微观层面的经验证据 [J]. 世界经济研究, 2015 (9).

[204] 中国银监会国际部.《中资银行海外机构名录 (2014 版)》 [M]. 中国金融出版社, 2014 年 12 月.

英文部分

[1] Altomonte, C., Pennings, E., Domestic Plant Productivity and Incremental Spillovers from Foreign Direct Investment, Journal of international business studies, 40 (7), 1131-1148, 2009.

[2] Amendolagine, V., Boly, A., Coniglio, N. D., Prota, F., Seric, A., FDI and Local Linkages in Developing Countries: Evidence from Sub-Saharan Africa, World Development, 50, 41 –56, 2013.

[3] Anwar, S., Sun, S., Foreign Entry and Firm R&D: Evidence from Chinese Manufacturing Industries, R&D Management, forthcoming, 2013.

[4] Arregle, J. -L., Miller, T. L., Hitt, M. A., Beamish, P. W., Do Regions Matter? An Integrated Institutional and Semiglobalization Perspective on the Internationalization of MNEs, Strategic Management Journal, 34 (8), 910 –934, 2013.

[5] Bitzer, J., Kerekes, M., Does Foreign Direct Investment Transfer Technology across Borders? New Evidence, Economics Letters, 100 (3), 355 – 358, 2008.

[6] Blalock, G., Gertler, P. J., Welfare Gains from Foreign Direct Investment through Technology Transfer to Local Suppliers, Journal of International Economics, 74 (2), 402 –421, 2008.

[7] Blomström, M., Foreign Investment and Productive Efficiency: The Case of Mexico, The Journal of Industrial Economics, 35 (1), 97 –110, 1986.

[8] Blonigen, B. A., A Review of the Empirical Literature on FDI Determinants, Atlantic Economic Journal, 33 (4), 383 –403, 2005.

[9] Buckley, P. J., Casson, M, The Future of the Multinational Enterprise. London, UK: Macmillan, 1976 .

[10] Buckley, P. J., Casson, M, The Optimal Timing of a Foreign Direct Investment, The Economic Journal, 91 (361), 75 –87, 1981.

[11] Buckley, P. J., Clegg, J., Wang, C., Is the Relationship between Inward FDI and Spillover Effects Linear? An Empirical Examination of the Case of China, Journal of international business studies, 38 (3), 447 –459, 2007.

[12] Casillas, J. C., Moreno-Menéndez, A. M., Speed of the Internationalization Process: The Role of Diversity and Depth in Experiential Learning, Journal of international business studies, 45 (1), 85 –101, 2014.

[13] Caves, R. E., Multinational Firms, Competition and Productivity in Host-Country Markets, Economica, (41), 176 –193, 1974.

[14] Chang, C. -C., Luh, Y. -H., Efficiency Change and Growth in Productivity: The Asian Growth Experience, Journal of Asian Economics, 10 (4),

551 -570, 2000.

[15] Chang, S. J., Xu, D., Spillovers and Competition among Foreign and Local Firms in China, Strategic Management Journal, 29 (5), 495 -518, 2008.

[16] Chen, T. -J., Ku, Y. -H., The Effect of Foreign Direct Investment on Firm Growth: The Case of Taiwan's Manufacturers, Japan and the World Economy, 12 (2), 153 -172, 2000.

[17] Chen, Y., Ge, Y., Lai, H., Liu, Q., Efficiency Sorting among Foreign Affiliates: Evidence from China, The World Economy, 38 (3), 568 -581, 2015.

[18] Ciabuschi, F., Holm, U., Martín Martín, O., Dual Embeddedness, Influence and Performance of Innovating Subsidiaries in the Multinational Corporation, International Business Review, 23 (5), 897 -909, 2014.

[19] Cowling, K., Tomlinson, P. R., The Japanese Model in Retrospective: Industrial Strategies, Corporate Japan and the 'Hollowing Out' of Japanese Industry, Policy Studies, 32 (6), 569 -583, 2011.

[20] Crespo, C. F., Griffith, D. A., Lages, L. F., The Performance Effects of Vertical and Horizontal Subsidiary Knowledge Outflows in Multinational Corporations, International Business Review, 23 (5), 993 -1007, 2014.

[21] David, R., Principles of Political Economy and Taxation. publicado en, 1817.

[22] Driffield, N., Love, J. H., Who Gains from Whom? Spillovers, Competition and Technology Sourcing in the Foreign-Owned Sector of UK Manufacturing, Scottish Journal of Political Economy, 52 (5), 663 -686, 2005.

[23] Driffield, N., Love, J. H., Taylor, K., Productivity and Labour Demand Effects of Inward and Outward Foreign Direct Investment on UK Industry, The Manchester School, 77 (2), 171 -203, 2009.

[24] Dunning, J. H., Explaining the International Direct Investment Position of Countries: Towards a Dynamic or Developmental Approach, Weltwirtschaftliches Archiv, 117 (1), 30 -64, 1981.

[25] Dunning, J. H., Reappraising the Eclectic Paradigm in an Age of Alliance Capitalism, Journal of international business studies, 26 (3), 461 -491, 1995.

[26] Dunning, J. H., Toward an Eclectic Theory of International Production:

Some Empirical Tests, Journal of international business studies, 11 (1), 9 - 31, 1980.

[27] Dunning, J. H. , Trade, Location of Economic Activity and the Multinational Enterprise: Some Empirical Evidence. University of Reading, Department of Economics, 1977.

[28] Dunning, J. H. , Lundan, S. M. , Institutions and the OLI Paradigm of the Multinational Enterprise, Asia Pacific Journal of Management, 25 (4), 573 - 593, 2008.

[29] Faulconbridge, J. R. , Muzio, D. , Transnational Corporations Shaping Institutional Change: The Case of English Law Firms in Germany, Journal of Economic Geography, 15 (6), 1195 - 1226, 2015.

[30] Foley, F. C. , Desai, M. A. , Hines, J. R. , The Internal Markets of Multinational Firms, Survey of Current Business, 87 (3), 42 - 48, 2007.

[31] Girma, S. , Absorptive Capacity and Productivity Spillovers from FDI: A Threshold Regression Analysis, Oxford Bulletin of Economics and Statistics, 67 (3), 281 - 306, 2005.

[32] Girma, S. , Gong, Y. , Görg, H. , What Determines Innovation Activity in Chinese State-Owned Enterprises? The Role of Foreign Direct Investment, World Development, 37 (4), 866 - 873, 2009.

[33] Girma, S. , Gong, Y. , Görg, H. , Lancheros, S. , Estimating Direct and Indirect Effects of Foreign Direct Investment on Firm Productivity in the Presence of Interactions between Firms, Journal of International Economics, 95 (1), 157 - 169, 2015.

[34] Greenaway, D. , Sousa, N. , Wakelin, K. , Do Domestic Firms Learn to Export from Multinationals? European Journal of Political Economy, 20 (4), 1027 - 1043, 2004.

[35] Grubert, H. , Mutti, J. , Taxes, Tariffs and Transfer Pricing in Multinational Corporate Decision Making, The Review of Economics and Statistics, 73 (2), 285 - 293, 1991.

[36] Gu, Q. , Lu, J. W. , Effects of Inward Investment on Outward Investment: The Venture Capital Industry Worldwide 1985 - 2007, Journal of international business studies, 42 (2), 263 - 284, 2011.

[37] Haley, U. C. V. , Boje, D. M. , Storytelling the Internationalization of

the Multinational Enterprise, Journal of international business studies, 45 (9), 1115 - 1132, 2014.

[38] Harrod, R. F., International Economics Cambridge, UK: Cambridge University Press, 1933.

[39] Heckscher, E. F., Ohlin, B. G, Heckscher-Ohlin Trade Theory. The MIT Press, 1991.

[40] Hertenstein, P., Sutherland, D., Anderson, J., Internationalization within Networks: Exploring the Relationship between Inward and Outward FDI in China's Auto Components Industry, Asia Pacific Journal of Management, forthcoming.

[41] Holmes, T. J., McGrattan, E. R., Prescott, E. C., Quid Pro Quo: Technology Capital Transfers for Market Access in China, The Review of Economic Studies, 82 (3), 1154 - 1193, 2015.

[42] Hymer, S, The International Operations of National Firms: A Study of Direct Investment, Massachusetts, USA: Massachusetts Institute of Technology, 1960.

[43] Jang, Y. J., Hyun, H. -J., Comparative Advantage, Outward Foreign Direct Investment and Average Industry Productivity: Theory and Evidence, KIEP Research Paper No. Working Paper-12 - 01, 2012.

[44] Javorcik, B. S., Does Foreign Direct Investment Increase the Productivity of Domestic Firms? In Search of Spillovers through Backward Linkages, The American Economic Review, 94 (3), 605 - 627, 2004.

[45] Javorcik, B. S., Spatareanu, M., To Share or Not to Share: Does Local Participation Matter for Spillovers from Foreign Direct Investment?, Journal of Development Economics, 85 (1 - 2), 194 - 217, 2008.

[46] Jin, K., Industrial Structure and Capital Flows, The American Economic Review, 102 (5), 2111 - 2146, 2012.

[47] Karlsen, T., Silseth, P. R., Benito, G. R. G., Welch, L. S., Knowledge, Internationalization of the Firm, and Inward-Outward Connections, Industrial Marketing Management, 32 (5), 385 - 396, 2003.

[48] Kogut, B., Chang, S. J., Technological Capabilities and Japanese Foreign Direct Investment in the United States, The Review of Economics and Statistics, 73 (3), 401 - 413, 1991.

[49] Kojima, K. 1978. "Direct Foreign Investment: A Japanese Model of Multinational Business Operation," London, UK: Croom Helm.

[50] Lall, S, The New Multinationals: The Spread of Third World Enterprises. New York, USA: John Wiley & Sons, 1983.

[51] Lau, C. M., Bruton, G. D., FDI in China: What We Know and What We Need to Study Next, The Academy of Management Perspectives, 22 (4), 30 - 44, 2008.

[52] Lee, G., The Effectiveness of International Knowledge Spillover Channels, European Economic Review, 50 (8), 2075 - 2088, 2006.

[53] Lee, K., Plummer, M. G., Competitive Advantages, Two-Way Foreign Investment, and Capital Accumulation in Korea, Asian Economic Journal, 6 (2), 93 - 113, 1992.

[54] Li, J., Li, Y., Shapiro, D., Knowledge Seeking and Outward FDI of Emerging Market Firms: The Moderating Effect of Inward FDI, Global Strategy Journal, 2 (4), 277 - 295, 2012.

[55] Lipsey, R. E., Ramstetter, E., Blomström, M., Outward FDI and Parent Exports and Employment: Japan, the United States, and Sweden, Global Economy Quarterly, 1 (4), 285 - 302, 2000.

[56] Liu, C. -L., Zhang, Y. Z., Learning Process and Capability Formation in Cross-Border Buyer-Supplier Relationships: A Qualitative Case Study of Taiwanese Technological Firms, International Business Review, 23 (4), 718 - 730, 2014.

[57] Liu, X., Wang, C., Wei, Y., Do Local Manufacturing Firms Benefit from Transactional Linkages with Multinational Enterprises in China?, Journal of international business studies, 40 (7), 1113 - 1130, 2009.

[58] Ma, X., Wu, C., Zhang, L., How Does Inward FDI Hinder or Promote Outward FDI? Three Cases of Chinese Automotive Industry, Forntiers of Business Research in China, 9 (2), 268 - 292, 2015.

[59] Mathews, J. A., Dragon Multinationals: New Players in 21St Century Globalization, Asia Pacific Journal of Management, 23 (1), 5 - 27, 2006.

[60] Merlevede, B., Schoors, K., Spatareanu, M., FDI Spillovers and Time since Foreign Entry, World Development, 56, 108 - 126, 2014.

[61] Meyer, K. E., Ding, Y., Li, J., Zhang, H., Overcoming Dis-

trust: How State-Owned Enterprises Adapt Their Foreign Entries to Institutional Pressures Abroad, Journal of international business studies, 45 (8), 1005 - 1028, 2014.

[62] Mill, J. S, Principles of Political Economy: With Some of Their Applications to Social Philosophy. Longmans, Green, 1865.

[63] Newman, C., Rand, J., Talbot, T., Tarp, F., Technology Transfers, Foreign Investment and Productivity Spillovers, European Economic Review, 76, 168 - 187, 2015.

[64] Pavlínek, P., Žížalová, P., Linkages and Spillovers in Global Production Networks: Firm-Level Analysis of the Czech Automotive Industry, Journal of Economic Geography, 16 (2), 331 - 363, 2016.

[65] Peng, M. W., Institutional Transitions and Strategic Choices, Academy of management review, 28 (2), 275 - 296, 2003.

[66] Perkins, S. E., When Does Prior Experience Pay? Institutional Experience and the Multinational Corporation, Administrative Science Quarterly, 59 (1), 145 - 181, 2014.

[67] Porter, M. E., The Competitive Advantage of Notions, Harvard business review, (3 - 4), 73 - 93, 1990.

[68] Shi, W., Sun, S. L., Pinkham, B. C., Peng, M. W., Domestic Alliance Network to Attract Foreign Partners: Evidence from International Joint Ventures in China, Journal of international business studies, 45 (3), 338 - 362, 2014.

[69] Smith, A, The Wealth of Nation. New York, USA: Modern Library, 1776.

[70] Spencer, J. W., The Impact of Multinational Enterprise Strategy on Indigenous Enterprises: Horizontal Spillovers and Crowding out in Developing Countries, Academy of management review, 33 (2), 341 - 361, 2008.

[71] Svensson, R., Effects of Overseas Production on Home Country Exports: Evidence Based on Swedish Multinationals, Review of World Economics, 132 (2), 304 - 329, 1996.

[72] Vernon, R., International Investment and International Trade in the Product Cycle, The Quarterly Journal of Economics, 80 (2), 190 - 207, 1966.

[73] Wang, C., Deng, Z., Kafouros, M. I., Chen, Y., Reconceptual-

izing the Spillover Effects of Foreign Direct Investment: A Process-Dependent Approach, International Business Review, 21 (3), 452 -464, 2012.

[74] Wang, D. T., Gu, F. F., Tse, D. K., Yim, C. K. B., When Does FDI Matter? The Roles of Local Institutions and Ethnic Origins of FDI, International Business Review, 22 (2), 450 -465, 2013.

[75] Wei, Y., Liu, X., Wang, C., Wang, J., Local Sourcing of Multinational Enterprises in China, International Journal of Emerging Markets, 7 (4), 364 -382, 2012.

[76] Xia, F., Walker, G., How Much Does Owner Type Matter for Firm Performance? Manufacturing Firms in China 1998—2007, Strategic Management Journal, 36 (4), 576 -585, 2015.

[77] Yao, S., Wang, P., Zhang, J., Ou, J., Dynamic Relationship between China's Inward and Outward Foreign Direct Investments, China Economic Review, 40, 54 -70, 2016.

[78] Zhao, M., Park, S. H., Zhou, N., MNC Strategy and Social Adaptation in Emerging Markets, Journal of international business studies, 45 (7), 842 -861, 2014.

[79] Alcantara L. L, Hoshino Y. Modes of acquiring host-country experience and performance of international joint ventures in Japan [J]. Asian Business & Management, 2012, 11 (2): 123 -148.

[80] Asmussen C. G. Local, regional, or global? Quantifying MNE geographic scope [J]. Journal of International Business Studies, 2009, 40 (7): 1192 -1205.

[81] Bae J H, Salomon R. Institutional distance in international business research [J]. Advances in International Management, 2010, 23: 327 -349.

[82] Baik B, Kang J K, Kim J M, et al. The liability of foreignness in international equity investments: Evidence from the US stock market [J]. Journal of International Business Studies, 2013, 44 (4): 391 -411.

[83] Barnard H. Overcoming the liability of foreignness without strong firm capabilities—the value of market-based resources [J]. Journal of International Management, 2010, 16 (2): 165 -176.

[84] Bell R G, Filatotchev I, Rasheed A A. The liability of foreignness in capital markets: Sources and remedies [J]. Journal of International Business Stud-

ies, 2012, 43 (2): 107 - 122.

[85] Berry H, Guillén M F, Zhou N. An institutional approach to cross-national distance [J]. Journal of International Business Studies, 2010, 41 (9): 1460 - 1480.

[86] Boddewyn J, Doh J. Global strategy and the collaboration of MNEs, NGOs, and governments for the provisioning of collective goods in emerging markets [J]. Global Strategy Journal, 2011, 1 (3 - 4): 345 - 361.

[87] Boehe D M. Exploiting the liability of foreignness: Why do service firms exploit foreign affiliate networks at home? [J]. Journal of International Management, 2011, 17 (1): 15 - 29.

[88] Dunning J H. International Production and the Multinational Enterprise (RLE International Business) [M]. Routledge, 2013.

[89] Dunning J H, Lundan S M. Multinational enterprises and the global economy [M]. Edward Elgar Publishing, 2008.

[90] Elango B. Minimizing effects of 'liability of foreignness': Response strategies of foreign firms in the United States [J]. Journal of World Business, 2009, 44 (1): 51 - 62.

[91] Freeman R E. Strategic management: A stakeholder approach [M]. Cambridge University Press, 2010.

[92] Goerzen A, Asmussen C G, Nielsen B B. Global cities and multinational enterprise location strategy [J]. Journal of International Business Studies, 2013, 44 (5): 427 - 450.

[93] Gongming Qian. Liability of country foreignness and liability of regional foreignness: Their effects on geographic diversification and firm performance [J]. Journal of International Business Studies, 2013, 44: 635 - 647.

[94] Holburn G L F, Zelner B A. Political capabilities, policy risk, and international investment strategy: evidence from the global electric power generation industry [J]. Strategic Management Journal, 2010, 31 (12): 1290 - 1315.

[95] Ivarsson I, Alvstam C G. Embedded internationalization: How small and medium-sized Swedish companies use business-network relations with Western customers to establish own manufacturing in China [J]. Asian Business & Management, 2013, 12 (5): 565 - 589.

[96] Jensen M C. Value maximization, stakeholder theory, and the corporate

objective function [J]. Journal of applied corporate finance, 2010, 22 (1): 32 - 42.

[97] Johanson J, Vahlne J E. The Uppsala internationalization process model revisited: From liability of foreignness to liability of outsidership [J]. Journal of international business studies, 2009, 40 (9): 1411 - 1431.

[98] Klossek A, Linke B M, Nippa M. Chinese enterprises in Germany: Establishment modes and strategies to mitigate the liability of foreignness [J]. Journal of World Business, 2012, 47 (1): 35 - 44.

[99] Kostova T, Roth K, Dacin M T. Institutional theory in the study of multinational corporations: A critique and new directions [J]. Academy of Management Review, 2008, 33 (4): 994 - 1006.

[100] Lamin A, Livanis G. Agglomeration, catch-up and the liability of foreignness in emerging economies [J]. Journal of International International Business Studies, 2013, 44: 579 - 606.

[101] Mariotti S, Piscitello L, Elia S. Local externalities and ownership choices in foreign acquisitions by multinational enterprises [J]. Economic Geography, 2014, 90 (2): 187 - 211.

[102] Moeller M, Harvey M, Griffith D et al. The impact of country-of-origin on the acceptance of foreign subsidiaries in host countries: An examination of the 'liability-of-foreignness' [J]. 2013, 22: 89 - 99.

[103] Qian G, Li L, Rugman A M. Liability of country foreignness and liability of regional foreignness: Their effects on geographic diversification and firm performance [J]. Journal of International Business Studies, 2013, 44, 635 - 647.

[104] Salomon R, Wu Z. Institutional distance and local isomorphism strategy [J]. Journal of International Business Studies, 2012, 43 (4): 343 - 367.

[105] Schweizer R, Vahlne J E, Johanson J. Internationalization as an entrepreneurial process [J]. Journal of International Entrepreneurship, 2010, 8 (4): 343 - 370.

[106] Slangen A H L, Beugelsdijk S, Hennart J F. The Impact of Cultural Distance on Bilateral Arm's Length Exports [J]. Management International Review, 2011, 51 (6): 875 - 896.

[107] Sofka W, Zimmermann J. Regional economic stress as moderator of liability of foreignness [J]. Journal of International Management, 2008, 14 (2):

155 - 172.

[108] Stern I, Henderson A D. Within-business diversification in technology-intensive industries [J]. Strategic Management Journal, 2004, 25 (5): 487 - 505.

[109] Vahlne J E, Johanson J. The Uppsala model on evolution of the multinational business enterprise-from internalization to coordination of networks [J]. International Marketing Review, 2013, 30 (3): 189 - 210.

[110] White Ⅲ G O, Hemphill T A, Joplin J R W, et al. Wholly owned foreign subsidiary relation-based strategies in volatile environments [J]. International Business Review, 2013.

[111] Wu W Y, Lin C Y. Experience, environment, and subsidiary performance in high-tech [J]. Journal of Business Research, 2010, 63 (12): 1301 - 1309.

[112] Yu J, Kim S S. Understanding liability of foreignness in an Asian business context: A study of the Korean asset management industry [J]. Asia Pacific Journal of Management, 2013, 30 (4): 1191 - 1217.

[113] Zaheer S. Overcoming the liability of foreignness [J]. Academy of Management Journal, 1995, 38 (2): 341 - 363.

[114] José L. Fillat , Stefania Garetto. Risk, Returns, and Multinational Production [J]. The Quarterly Journal of Economics, 2015, 130 (4).

[115] Rama Seth, Daniel E. Nolle, Sunil K. Mohanty. Do Banks Follow Their Customers Abroad? [J]. Financial Markets, Institutions & Instruments, 1998, 7 (4).

[116] JP Esperanca, MA Gulamhussen. (Re) Testing the 'follow the customer' hypothesis in multinational bank expansion [J]. Journal of Multinational Financial Management, 2001, 11 (01): 281 - 293.

[117] Marc Ruhr, Michale Ryan. "Following" or "attracting" the customer? Japanese Banking FDI in Europe. [J]. Atlantic Economic Journal, 2005, 33 (4): 405 - 422.

[118] J Child, SB Rodrigues. The Internationalization of Chinese Firms: A Case for Theoretical Extension? [J]. Social Science Electronic Publishing, 2005, 1 (3): 381 - 410.

[119] Caballero, R. J. , Farhi E. and Gourinchas. P. O. An Equilibrium Mod-

el of "Global Imbalances" and Low Interest Rates [J]. American Economic Review, 2008, 98 (1), 358 -393.

[120] Mendoza, E. Q., Quadrini V., and Ríos-Rull J. Financial Integration, Financial Development, and Globa lImbalances [J]. Journal of Political Economy, 2009, 117 (3), 371 -416.

[121] Y Cheung, X Qian. The Empirics of China's Outward Direct Investment [J]. Pacific Economic Review, 2009, 14 (4): 312 -341.

[122] Leonard K. Cheng, Zihui Ma. China's Outward Foreign Direct Investment [M] // Robert C. Feenstra and Shang-Jin Wei, Editors. China's Growing Role in World Trade. Chicago: University of Chicago Press, 2010, 545 -578.

[123] P Deng. Why do Chinese Firms Tend to Acquire Strategic Assets in International Expansion? [J]. Journal of World Business, 2009, 44 (1): 74 -84.

[124] P J Buckley, P Zheng. The Determinants of Chinese Outward Foreign Direct Investment [J]. Journal of International Business Studies, 2009, 40 (4): 353 -354.

[125] Sanfilippo, M.. Chinese FDI to Africa: What Is the Nexus with Foreign Economic Cooperation? [J]. African Development Review 22 (1), 2010, 599 -614.

[126] I Kolstad, A Wiig. What determines Chinese Outward FDI? [J]. Journal of World Business, 2012, 47 (1): 26 -34.

[127] H H Chou, C H Shen, H H Chou, C H Shen. Foreign bank expansion and the follow-the-customer hypothesis [J]. Journal of Multinational Financial Management, 2014, 25 -26: 95 -109.

[128] Ray Barrell, Nigel Pain, Ian Hurst, German Monetary Union: An historical counterfactual analysis [J]. Economic Modelling, Volume 13, Issue 4, 1996, 499 -518.

[129] Mihir A. Desai, C. Fritz Foley, James R. Hines Jr., Capital structure with risky foreign investment [J]. Journal of Financial Economics, Volume 88, Issue 3, 2008, 534 -553.

作 者 简 介

王玲玲，女，1981 年 2 月生，云南建水人，彝族。2013 年毕业于云南大学政治经济学专业，获得经济学博士学位。现为云南财经大学商学院教师，主要从事世界经济与企业跨国经营管理、治理等方面研究。